自分らしく働くための

会社人の常識

SAITO Norio

齊藤紀夫

論　創　社

はじめに

就職活動中の学生さん
すでに会社人のみなさん
そして転職活動中の会社人さん

会社とはなんですか？　そこで働く「会社人」とはどのような存在ですか？

この本には、これらの疑問に対する答えが、全部ではないですが、ほとんど網羅されています。

もう30年も前のことですが、周囲の人の話を聞いてみて、自分の仕事や部署のことすらまともに説明できない、ましてや会社全体のことなどわかっていない現状にガックリきて、会社とは、仕事とは、そこで働く会社人とは——等々を学ぼうと、「会社人の常識」という社内資料を編さんし、希望者のみで勉強会を始めることにしました。１９８７年のことです。その後何度も書き直し、この資料は新入社員教育や管理者研修、さらには学生さんの就職活動セミナーでも活用されてきました。その参加者数は今や１０００人を超えます。

入社した会社で輝いておられる方、順調に階段を昇っておられる方、またすでに取締役として活躍しておられる方や起業され成功しておられる方も、10人は下りません。

嬉しいのは「息子や娘の就活用に残してある」とか「会社のことがよくわかり、会社を、仕事を愛せるようになった」とのお言葉をいただけることです。

なぜなら、私自身も自分の仕事を愛し「ウチの会社」を愛してきましたから。

会社に愛？　仕事に愛？

今の時代甘いよ！　昔の話だろう？

そうでしょうか？

「私たちは野球を愛しています。私たちは野球に出会い、野球に魅せられ（中略）野球の素晴らしさが伝わるよう、野球の神様に愛されるように全力で戦うことを誓います」

これは、第99回全国高校野球選手権大会西東京大会で、早稲田実業学校高等部の清宮幸太郎内野手が行った選手宣誓の一部です。

非正規社員が４割を超え、年功序列・終身雇用制度が崩壊した今の日本社会でも、仕事は「生活のために金を稼ぐ」だけのものでしょうか？
アメリカ法人の責任者だったとき、フォード・モーターや取引先の役員・社員とも交流がありましたが、彼らも「ウチの会社」「仕事や仲間への忠誠心」などの言葉をよく使いました。スイス人の銀行家である友人も「お客様の満足、喜びが私の最高の報酬です」とよく話します。そして、多くの人が「私の仕事が好きだ」と言います。

人は生きていくために必要なお金を得るために、何らかのお仕事をしています。そのお仕事のなかで、どこかに雇用され賃金・給与を得る人のことを、この本では「会社人」と定義しました。ですから一部の自営業や芸術家などを除き、会社員はもちろん公務員、医療法人・福祉法人やNPO法人の職員さんなども「会社人」に含まれます。また雇用する側をすべて「会社」といたしました。

自分の仕事や仕事場に愛や誇りを感じられればこれほど幸せなことはありません。でも悲しいことに、最近は社会の変化と経営者の質の低下により、会社人の会社への愛、仕事への愛や忠誠心を利用し、成長する会社が増えてきているのも事実です。そのような不正常な、不健全な会社に気がつき、適切な対応ができること、「誤った常識」を適切に回避することも会社人にとっては重要です。そのためにこの本が少しでもお役に立てば望外の幸せと存じます。
就職活動中はもちろん、入社後も時に立ち返り、振り返り、また「ウチの会社」が「ヨソの会社」になっても、何かのお役に立つことを祈り、前著『会社人の常識』（長崎出版、２０１２年）を全面的に改訂・加筆してこの本を世に出しました。

なお、本文で多くの会社がマイナスイメージで出てきますが、そこで働く会社人さん、その会社に就活中の学生さんを貶めるつもりはまったくありません。経営者に反省していただきたくて実名としましたことを念のため申し添えます。

みなさまの充実した「会社人生活」を心より期待しています。

自分らしく働くための　会社人の常識◇目次

第2章 後悔しないための就職活動

第3章 「ウチの会社」はもうかっていますか?

第4章 「入社」と人事のエトセトラ

第5章 会社人のルールと会社のルール

第6章

満足できる「会社人生活」のために

プロローグ

会社の原型は
中世の「大航海」!?

会社の誕生

会社とは、お金もうけのために、いろいろな人が自分の持っているものを出し合うとともに、万一の場合の危険負担を分散する人の集まりです。

今日の会社の原型は中世の「大航海」にあります。つまり、自分の持っているもので参加して富を手に入れることと、損が出たときの危険分散が、ここに始まったのです。

中世、ヨーロッパから毛織物などを船に積んで航海に出て、アジアで香辛料（とりわけ胡椒は肉食文化に大きな影響を与えました）や絹、金銀

船主　船を提供
船長　航海術の指導力を提供
船員　実際の航海力を提供
一般の市民たち
「船」も「航海知識」も「航海術や労働力」もない者は、交換品を彼らに託した。

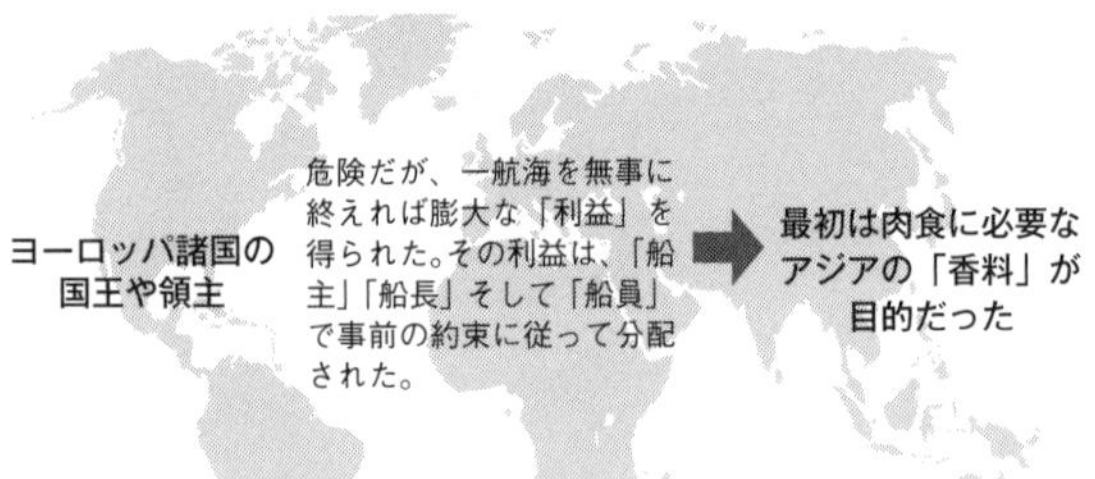
ヨーロッパ諸国の国王や領主
危険だが、一航海を無事に終えれば膨大な「利益」を得られた。その利益は、「船主」「船長」そして「船員」で事前の約束に従って分配された。
最初は肉食に必要なアジアの「香料」が目的だった

ヨーロッパから世界中の香辛料や宝財を求めての「大航海」

などと交換して帰りました。目的地にはないものを運んで行き、その地には豊富にあるが自国にはないものと交換したため、無事帰国すれば膨大な利益を得ることができました。その代わり、計画通りに目的地に着き、無事に帰国できる保証は全くなく、まさに命がけの商売でした。「サンタ・マリア号」でアメリカ大陸を発見したクリストファー・コロンブスも、その一人であったわけです。

船主（↓現在の会社に置き換えると、「創立者一族」「大株主」）

当時の国王や領主たちは、その富を利用し船を建造した船のオーナーです。でも、生きて帰れる保証もないような航海に出て行く大きな危険を、自分では冒しませんでした。

今日では起業家や大株主さまたちでしょうね。市民たちのニーズにあった事業、またニーズをつくり出しそれを満足させるための事業を興し、発展させるために資本をつぎ込む人々です。

船長・航海士（↓現在の会社に置き換えると、「経営者」）

その時代のインテリ。星を見て方角を判断でき、季節の違いで潮や風の方向がわかり、異国でも言葉の壁を越えてコミュニケーションがとれる。船を操る技術や知識、そして船員を統率できるリーダーシップの持ち主です。船員として経験を積み、知識を学び、昇格していった人々です。

今日では取締役とか重役とかいわれる経営者です。会社を興す資金はありませんが、経営能力を持ち多くの会社人を統率して企業を発展させることができる人です。

船員（→現在の会社に置き換えると、「会社人」のみなさん）

船長や航海士ほどの知識や能力は持っていませんが、大海原に出て行く勇気やチャレンジ精神があり、航海士の指示のもとで船を操ることができる。航海の目的を達成するには不可欠な人々です。自らの能力を磨き、知識と教養を身につけ、やがて航海士や船長にも。

今日では会社人のみなさんです。労働力と時間を提供し会社の目的である適正な利益を確保するためには不可欠な人々です。資本家と経営者だけでは会社は動きません。

一般市民（→現在の会社に置き換えると、「消費者」「一般の株主」）

船を造る資金も、船長のような知識もない。かといって船員のような勇気もない一般の平凡な市民は、異国からの珍品を期待しつつ、なけなしのお金で、布製品やろうそくなどの日用品を用意し、船長に託しました。

今日では消費者や一般の株主に該当します。人生を豊かに過ごせるよう会社が提供する商品を購入したりサービスの提供を受けたりします。また、余裕資金でその会社の株式を購入して配当金を受け取ったり、株価の値上がりの恩恵を受けることも。

そうしてインドなどをめざした船団は、目的地で貴重品や珍品を積み込み、何カ月、ときには何年もかけ帰国しました。そして出港前に交わした契約に沿って、「戦利品」を分配したのです。

一航海が壮大な一つの事業だったのです。それも命がけの。

人間の欲望にはきりがありません。「大航海」は無事帰国すれば膨大なもうけをもたらします。でも、命がけです。船を10隻仕立てて出発しても、無事帰国するのは数隻。ときにはすべてが沈没してしまうこともありました。

そこで、もっと安全で確実で、さらにもうけを多くするにはどうすればいいのかを追求します。その結果航海術が進歩しました。造船技術も進み、船も大きく安全性が高くなりました。まさに必要は発明の母です。安全性が高まると船員でなくても航海に参加できるようになりました。まず手を上げたのは「野蛮人に神の教えを……」と考えた宣教師たちでした。そして国王たちは〝未開の土地〟を植民地にすることに有益さを見出しました。

市民たちも航海の危険性が減少したことで、少ない資金を出し合って自分たちの船を造り、それを船長たちに任せて航海事業に乗り出し、その利益の分配を受け取る方法を考え出しました。

ここに「会社」という制度が発明されたのです。後はいかに効率よく安価に、その植民地や航海事業を運営するかです。

株式会社の誕生

1602年、植民地運営と交易を目的として最初の株式会社が誕生しました。オランダの「東インド会社」です。この会社は軍隊も持っていました。

私たちの国日本では、1865年、坂本龍馬が中心となって創設した「亀山社中」がわが国最初の会社の原型、といわれています。亀山社中の目的は薩摩・長州両藩の物資の調達と運搬でしたが、将来的には上海などの外国との交易を目標としていたようです。なお、「亀山」とは長崎にある地名（亀山市）、「社中」とは同じ目的をもった仲間という意味で、現在でも伝統芸能などを伝承しているグループで「○○社中」という名前を見かけます。

日本最初の株式会社は1873年に渋沢栄一《しぶさわえいいち》（1840〜1931）が中心となって設立した第一銀行です。株式会社とは、株式を発行して不特定多数の人々から資金を集め、事業を行う形態の会社です。この方式の素晴らしいところは、多くの人々が自分の出せる範囲で資金を出し事業に参加できるところです。万一の場合でも、その出資金が戻ってこないだけで、個人の財産にまで手をつける必要はありません。これを有限責任制度（株主は出資した金額以上の責任／損失は負わない）といいます。また、お金が必要となった場合、その株式を誰かに売ることができます。これを株式譲渡自由制度（株主は所有する株式を自由に他人に譲渡することができる）といいます。

例えば、鉄道や海運・航空業などは多くのニーズがあります。でも投資額が膨大で、しかも資金の回収には何年も、ときには何十年もかかり、一人ではとても始めることはできません。

そこで株式会社を設立し、多くの人々が自分のふところに合った出資をすれば解決できます。株主は途中でお金が必要になれば、株式を誰かに売ればいいのです。万一途中でその会社が倒産しても、最初の投資金だけ諦めればいいのです。これが株式会社の原則です。

大航海時代に生まれた「会社」は、株式会社の発明でわれわれの生活をますます便利にしていったことは、疑う余地のないところです。

第1章

会社は誰のものか

「会社」（会社とつかなくとも、みなさんが働く職場を運営している事業体）とは誰のものなのでしょうか？　会社には多くの関係者がいますが、誰がどのように関わっていて、どのような役割を果たすことを期待されているのでしょうか？

そしてその会社が「いい会社」であるためには、また「いい会社人生活」を送るためには、見失ってはいけないこと、やらなければならないことがあります。そのために考えなくてはならないことを、私の経験も含めてまとめました。

会社に「民主主義」はない！

今日の社会では、一部の独裁国家を除き、国家や地方自治体を司る者はほとんど選挙によって選任されます。そしてその選挙権をもつ国民・市民などは例外なく「一人一票」です。貧富の差によって、年齢によって、男女によってなどによる何らの違いも差別もありません。法律が定める年齢に達したら「選挙権は一人一票」が民主主義の原則です。

でも、これから学んでいく「会社」は違うのです。等しく一人一票ではないのです。なんとショッキングなことではないですか！

では、どうなっているのか見てみましょう。

大航海時代の話をしましたね。あの時代一つの船、船団に複数の王様や貴族が出資していたと考えましょう。航海が終わり成果物を分け合うとき、どのような配分基準で分けたのでしょうか？

あなたは、もう答えを出しましたね。そうです。「出資額に応じて」です。

万一の場合の危険負担も出資額に応じますから、その成果も出資額に応じて配分されるのです。

今日の会社も全く同じなのです。株式会社ならその所有株式数によって発言力も影響力も違います。後で学ぶ合名会社や合資会社、合同会社……とにかく会社と名のつくものはすべてその株数や出資額にみ合った力を持っているのです。

例えば株式会社の例で申しますと、ここに100株の会社があるとします。それを二人でもっています。一人は49株を、もう一人は51株を持っているとします。

すると、株主の集まりである株主総会では、49対51ですから51％の株主が何事にも決定権を有します。株式会社には「株主公平の原則」というのがありますが、それは株を持っている人すべてに公平を！ではなく、「すべての株式に対して公平でないとダメ」と言っているのです。1株には1株の力があるのですから、配当金が1株あたり5円なら、誰が持っていようがすべての株式に対して5円の配当をしなさいよ、ということです。ですから、株を多く持っている株主は、少ない株主より多く配当を受ける権利を持っていることになります。

味も素っ気もないですが、会社はすべて金次第の「資本的民主主義」の世界といえます。

会社は株主のもの？

2005年、「ホリエモン」で有名なライブドアがニッポン放送株を大量に買いつけ、大騒ぎになりました。そして、翌2006年に王子製紙による北越製紙への敵対的買収事件が起こり、この頃から頻繁に「会社は誰のものか」が話題になるようになりました。

日本で最初にこの問題が大きく取り上げられたのは、1989年ではないでしょうか。アメリカのT・ブーン・ピケンズ氏が、小糸製作所の株式を大量に買収したことがありました。このときは、トヨタ自動車系列の会社が外国人に乗っ取られると、大騒ぎになりました。

最近でも、シャープの外国企業による買収や東芝の買収・分割問題などが起こり、その度に、「会社は誰のものか」が議論され、会社も売買の対象となる「商品」なのかとの極論も出てきます。

では会社のことを定めた会社法ではどのように規定しているのでしょうか?

会社は株主や出資者（これを法的に「社員」といいます。一般に使われる、その会社で働く「会社人」とは異なります【↓付録248ページ参照】）のものであると、明確に規定されています。

ですから先に見ましたように、その会社の株式の大半を入手した者がその会社の持ち主となり「煮て食おうが焼いて食おうが勝手だろう」との理屈も成り立つことになります。

とりわけ上場されている株式は売買されることを前提としているのですから、誰がいくら買ってもいいではないか、との理屈も正しいのです。

ですから、過去のもうけを現金や銀行預金で貯めこむ会社も出てきますし、会社が所有する不動産や株式は帳簿には購入したときの価格で記載されていますが、現在の取引価格で評価すると膨大な価値がある場合（これを「含み資産」といいます）などには、株主総会でその貯めこんだ預金や現金、そして土地を売却してその利益を「すべて配当に回せ」と圧力をかけ、配当金を受け取った後はさっさと株式を売却してしまう株主や投資ファンドも出てくるのです。

また最近は業績不振や不祥事、さらには効率化のなどのために会社合併や分割などが頻繁に行われていますが、基本的には「会社の売り買い」ですので株主総会の承認を得れば成立します。

法律では会社は株主さまのものであることはわかりました。では株主が全員で会社を経営・運営してくださいよ。といいたくなりますよね？　本当にできますかね？

プロローグで説明した、大航海時代のことを覚えていますか［→2㌻～参照］。

船そのものは船主、つまり船を造る資金を出した人のものです。

でも、それだけでは船は動きません。まず船長さんや航海士さんが不可欠です。でも彼らだけは航海はできません。多くの船員さんが必要です。そして、積み荷を用意した一般の人々も。さらに、航海先で物々交換をしてくれる現地人たちも。帰国したとき、持ち帰った香辛料や絹を購入する市民たちも。これらの人々で、航海という事業が成り立っていました。

船自体はオーナーのものでしょうが、航海という事業は船主だけのものではなく、それに関わるみんなのものです。

会社も、その会社に何らかの関係を持つ、みんなのものです。多くの利害関係者が、自分の利益だけを追求したとき、不祥事や事件としてニュースとなったり、会社が危険な状態になったりします。「みんな」のものですから、みんなで支え、他の支えている人々のことも考えて、自分の権利を主張しないと、会社は継続しません。

何事も「過ぎたるは及ばざるがごとし」ですね。

では、どのような利害関係者が、何をすると、会社が危険になるのでしょうか。

まず、**設立者**や**創業者たち**が、「会社はつくった我々のものだ」といつまでも会社の経営に口出しし、私物・私有化すれば、当然会社の秩序は保てません。

会社は法人、つまり何らかの法律により自然人（私たち人間のことです）と同様に権利義務の帰属主体になるもののことです。会社の他にも、例えば、学校法人、福祉法人、宗教法人、社団・財団法人などなどいろいろな法律に基づいてつくられた法人があります。でも私たちのような人間と違って見えませんし触れることもできません。ですから選挙権・被選挙、それに禁固刑はありません。

これらの人々は自然人でいえば両親です。ですから、これらの人々が存在しなければ、会社という法人は誕生しません。でも、私たち自然人でも成人すれば親に親権がなくなるように、会社も創業から何年もたてば、その時代に合わせた経営をしないと衰退してしまいます。

いつまでも、創業者が創業者だとの理由だけで威張っていては、害のみで何の利益も将来もありません。「老いては子に従え」「負うた子に教えられ」ですよね。

株主たちが、「会社は我々のものだ、だから配当金を増やせ」と、その権利を振りかざしたとき、配当利益を確保するために、リストラ【↓第4章141ページ〜参照】という名の「会社人」の首切りが始まります。例えば大手電器メーカーの最近5年間を見ても、13万人ものリストラをしているにもかかわらず、毎年13円から25円の配当を株主様に、しっかり払っています。

また、瞬時に株式の売り買いをするネット株主などはその会社のことを本当に考えているとはとても思えません。それなのに株主権行使だけ叫ばれてもね。

そして、**経営者**（会社では取締役や監査役、またはまとめて重役などと呼ばれています）が、株主から経営を委任されていることを忘れ、「会社は経営者である我々のものだ」と権利を濫用し、自らの地位を守ることにのみ集中し私物化が始まれば、東芝やオリンパス、そして日産自動車や神戸製鋼所のように、証券取引法・会社法をはじめ各種の法令を犯し、ときには刑事事件となり、会社の存続すら危うくなります。

会社人たちが、「我々が毎日額に汗し働いているからこそ、もうけを出し会社が繁栄しているのだ。会社は我々のものである」と労働者の権利を叫び、その権利と既得権を最大限にしようとしたとき、または、それを実現したとき、会社は危機に陥ります。

例えば、日本航空の破綻の一端は八つ（今は六つですか）もの労働組合の存在と一部の組合の過度な待遇・給与を求めた結果でもある、といわれています。

ちょっと古い話ですが、日産自動車の組合長として大きな権力と富を手に入れ、社長人事にまで口を出して、「塩路天皇」「労働貴族」とまでいわれた塩路一郎氏の例もあります。

市民・消費者が、「少しでも早く、少しでも安く」と神様のように要求し、それに応える企業が「いい企業だ」との風潮をつくり上げた今日、その陰で、食事をする時間も取れない、サービス残業や違法残業をしなければならない、という人々を大量につくり出し、さらには過労死や過労自死を生み出す悲しい社会になってしまいました。

地域住民たちが、その権利を声高に叫べば、これまた会社を不当に危険にさらします。創業時、周りが野原であった地で、何十年も事業を営んできた会社が、倒産に追い込まれた事例がありました。法的にも住宅と工場が混在することが認められている地域であったにもかかわらず、後から住宅を建てた人たちが「うるさい、地域住民の安静を破っている」とその会社の移転要求運動を始め、夜間の稼働をストップさせてしまったのです。

銀行は、会社に活動の血液ともいえる資金を融資しています。その融資の源泉はみなさんが預けた預金です。ですが、損失を隠す「飛ばし」をする、それをネタにヤクザから脅されて不当行為をし、業績を悪化させる。その結果、国際基準の自己資本率8％を維持するため、あるいは銀行自体の経営自体を守るために貸付金を回収する、いわゆる「貸し剝がし」「貸し渋り」をして、多くの会社を不必要な危機に陥れたことは、記憶に新しいところです。また、最近では商工中金の完全民営化阻止のため行った不正融資問題でしょうか。この陰では「不要な融資を受け、必要なときに回収される」側になる会社悲劇がありますよね。銀行の勝手・不節操な行動は、「半沢直樹」でみなさんもよくご存じですよね。

会社は「会社人」のもの？

2006年に、王子製紙による当時の北越製紙に対する経営統合を意図した敵対的買収（TOB）が起こりました。王子側の株式公開買い付けが明らかになると、北越製紙は経営陣を先頭にほとんどの会社人、地域住民が一丸となって北越製紙の株式を購入し、防衛行動に出ました。また労働組合は王子製紙による株式の買い付けに反対意見を表明し、自らの職場は自らで守る、買収されれば仲間とともに辞める、とまで発言する組合員も現れました。私はこの事件を注意深く見守っていましたが、会社人が自分の会社を愛し、仕事を愛し、会社からの給与で意義ある人生を送っていることを再確認しました。そしてそれを邪魔する者が現れると、それこそ人生をかけて戦うことを学び、非常に嬉しくなり応援しました。結果は王子製紙側の敗北に終わりました。

2007年のサンスター経営者と会社人による株式買収による上場廃止も心に残っています。

会社は多くの利害関係者のもの、と今まで申してきましたが、「会社人」のみなさん、これから「会社人」となることを目指している人には、やはり「会社は私もの」と思ってほしいものです。創業者も、株主も、経営者も、地域の住民も、銀行も、もちろんそれなりに「ウチの会社」を大事なものと思ってはいるでしょうが、1日24時間、1年365日という限られた時間の大半を「ウチの会社」で過ごす会社人とは、やはりその思い入れや関わり方が違うと思います。会社人にとって「ウチの会社」は、少なくともそこで働いている間は、人生そのものではないでしょうか？

2016年、シャープペンシルで有名な名門企業であったシャープ株式会社が不振に陥り、日本の大手電気機器メーカーとしては初めて外資である台湾の鴻海精密工業《ホンハイジンミゴンイェ》の傘下に入り、上場廃止となりました。でも翌17年12月に再度東京証券取引所（東証）に上場するとともに、社長の載正呉氏は、国内で働く約2万人全員に3万円の「感謝のしるし」を配布しました。これに対するシャープの会社人の反応や世間の評価は高く、好意的なものでした。

「感謝」「全員」「同額」。載社長は会社人の気持ちをよく理解できていると、私は感心しました。「ウチの会社人」の会社に対する気持ち、仕事に対する気持ちをとてもよく理解されていると思いました。

何度も申しますが、会社人は自分の会社や仕事に愛情や忠誠心をもって働いてこそ、人生が豊かになり、意義ある人生を過ごせると思います。

でもそのためには、会社側、経営者側も会社人に対し愛情ある行動や忠誠心をもって接することが不可欠です。愛情や忠誠心は一方通行では継続できません。やはり相互通行です。

会社を「私のもの」と言うために

●社畜にはならないで！

最初に正直にいいますと、多くの会社は会社人に、上の命令には従順で組織の「歯車」に進んでなり、野生の本能を忘れた家畜のように会社に飼いならされ、自分の意思も、ときには誇りや良心も捨てて会社の言いなりになる「社畜《しゃちく》」【↓付録251ジ参照】になることを望んでいます。

長年、管理部門の取締役として人事を担当し、採用や人事異動を行ってきました。また、経営コンサルタントとして中小企業の人材確保のお手伝いもしてきました。

その経験からいうと、部署長の求める人材は、ほとんどそのような人材でした。まず、会社のトップからして、「自分を超える能力を備えていそうな」人材は敬遠します。それでは社長のレベルがその会社の上限となり、発展は難しいのですが、そこはやはり人間、自分より才能のある人が部下では、毎日劣等感を味わうことになり嫌になるのでしょうね。大会社でも、学校群や学業成績ばかり見て無難な人材確保に向く傾向がみられます。

会社のホームページや、新卒向けの人材募集の言葉として、「個性豊かな人材を求めています」「自分のやりたいことを発揮できる会社です」「組織の歯車になる人は必要としていません」

「新しい風を起こせる人を求めます」などを見かけますが、全部ウソです。全部とはいわなくても、「では私も挑戦してみよう」と面接にいけば、やはり「ウチの社風に合わないなあ」で、終わり。「東大不要論」なるものを、東京大学法学部を十番以内で卒業した人たちがいうのと同じです。

書店には、「あなたは転職すべき」「会社の歯車から卒業する方法」「あなたの個性を活かす会社」など多くの啓発書が並んでいます。これらの本を買えば明日にでも、今より「いい会社」に転職できそうです。みんなウソとはいいませんが、凡人には無理です。無理だから、売れるのです。そんなに簡単に自分の個性を活かせる会社に転職できるなら、そのような本を読む必要はありません。

第一、それらの本を書いている人がどのような人か、本の後ろをめくり、著者のプロフィールを読んでみてください。華麗な経歴をもち、その上努力家で、非凡な才能の持ち主です。そのような人々の話を信じて、「私も」と思っては失敗します。そしてまた数カ月したら、同じような本を買い、著者だけがもうかるということになります。我々は平凡な人間です。凡人ですから、天才にはなれないかもしれません。が、非凡にはなれるのです。

私のプロフィールを読んでみてください。平凡以下の人間です。でも、私の「会社人」生活は楽しくて充実したものでした。私はどの仕事も愛しました。だから仕事にも愛されたと信じています。仲間にも恵まれました。いい仕事もできて、多くの人から感謝までされました。会社人間でしたが、社畜ではありませんでした。いつも仕事を、会社を冷静に見ていました。夏目漱石『吾輩は猫である』の、あの猫と同じように。というのは言い過ぎでしょうか。

努力をしました。その努力がほとんど実りました。もちろん、私が幸運だったことは認めます。いくら努力しても実らない人も多くいます。その点、私は幸運だったといえるでしょう。でも、努力なしには幸運の扉の前にも行けません。だから努力は必要だと思います。

会社という組織で働けば、自分のやりたいことを、やりたいように、できるはずがありません。それでは組織の秩序は保たれず、組織としての力も発揮できず、利益も出ません。

自然人が生命を保つためにいろいろな臓器があるように、会社もいろいろな部署があります。人間でいえば頭、口、鼻、足、手、胴、そして排泄用の臓器。どれも、なくては生きていけません。どの部署に配属されても、とにかく一所懸命、その仕事に打ち込むのです。

社畜といいましたが、家畜や奴隷ではありません。ですから、その仕事を通じて何か感じるはずです。そこが大事です。喜び、怒り、疑問、何でもいいのです。感じたことはメモしておきます。今ならスマホで瞬時にメモできて整理も簡単です。そのうち、疑問が解けてきます。解けてこなければ、納得できなければ、「何かおかしい」のです。あなたの出番です。改善するのです。どうしておかしいのか、なぜ改善が必要なのか、そして、なぜあなたの案なのかを、少なくとも仲間や上司に説明し、納得させるだけの勉強は必要です。それが、あなたの財産・将来成長する糧となっていきます。

例えば1部門5000人の事業所も開発部、製造部、販売部、経理・管理部などに分かれています。各部署一気通貫した発想や提案が不可欠です。全体像やあなたの隣の部署のことも一度鳥のように高いところから俯瞰し研究してみてはいかがですか？　今まで見えなかったものが見えてきますよ。木しか見えていなかったのが、森が見えるようになりますよ。

社畜はそのようなことはいたしません。だから会社がないと生きていけないのです。社畜は、会社からあてがわれる食料に満足し、会社によりかかってしか生きられない動物なのですから。あなたは社畜になりたいですか？　あなたは社畜ですか？　違いますよね！

●「入社」は出発点です

ここからは私の経験を申し上げます。何かのお役に立てる、かもしれません。

ちょうど長男が生まれた頃、管理部門の上司が急病で退職。33歳の若さで経理・財務の現場責任者に任命されました。もちろん、上には社長や取締役がいましたが、悩みました。どうすれば、先輩たちや他部署の人々と「いい関係」で仕事ができるか。会社の資源を最大に活かして利益を出すには、どうすればいいか。国税局の調査にはどう対応すればいいのか。銀行や弁護士さん、公認会計士さんたちと、どういう付き合いをすればいいのか……。

学生時代の教科書を出してきたり、新しい本を買ったりして、勉強しました。企業会計学、商法、民法、労働関係法、憲法。「管理者になったら読む本」なども。でも、何かが足りません。

それで、弓を始めました。

この頃私は京都に住んでいましたが、まず、「師」を求め、京都中の道場を見学しました。先生の教え方や道場の雰囲気、練習している人たちを、ゆっくり見学しました。その中で、これだ！ と思った先生、まさに「師」に出会いました。

ときの審正館館長、故中川慎之九段範士先生です。事情を伝えると、先生は、「射は仁の道なり。射は正し気を己に求む」と話し始めました。「弓道は立ち禅といいます。禅の修行をするつもりでやれば、何かが見えてくるかも。それと武道すべてに共通することですが、〈守、破、離〉で独自の世界が開けます。つまり最初は、私のいう通りそれを守り、励むこと。そしてそれができるようになったら、私の教えから離れ、自分なりの弓道に挑戦してください。それができれば、そのときまで修行してきたことをベースに、思い切ってサイトウ流を確立してください。その頃には人生も見えてきます」。

入門時のお話としては、とても長いものでした。11月の初めで寒い中、正座して拝聴し、足もしびれました。でも、とても清々しい気持ちで、道場を後にしました。

それから、毎晩仕事後、道場に通いました。まず拭き掃除、的貼り。他の人々が練習していても、先生から「サイトウさん、そろそろ引いてみては」とのお声がかかるまでは、道場に立ちませんでした。後輩たちが次々と段をとり、追い越していきました。でも、全然気になりませんでした。そのうち、仕事もうまくいくようになりました。

私は、2年間の修行で弓道もですが、人生を学びました。ですから、中川先生は人生の師です。

悩んだとき、苦しいとき、先生のお言葉や弓を引いていたときのことを思い出して、丹田《たんでん》（へその下あたりをいいます。ここに力を集中しないと、いい弓が引けません。オペラの歌唱や洋楽器を弾くときもやはり丹田に力を集中するということです。洋の東西問わず何でも同じですね）に力を入れ、対処してきました。

何がいいたいのか、というと、仕事も同じだということです。何事も、最初は基本に忠実に。そのうちに、自分の型がわかってきます。その次は新しい自分が生まれてきます。そうすれば、上司の目や社内の評判、仲間の出世や給与の差を気にしたり、恐れたりすることもなくなります。

もちろん理不尽なことには正面から異議を唱えるべきですが、いかなるときにも冷静に判断できる胆力を養うべきではないでしょうか？

ついでに申し上げますと、2年間の修行が終わる頃先生から段位審査を受ける許可が出ました。11月京都武徳殿の弓道場で初段審査。筆記試験100点満点、実技6人立ちで先頭の私、2射とも的の真ん中へ。結果は審査員全員の合意で「飛び級二段授与」。ですから私は初段の免状がありません。中川先生は「自分の時以上に緊張した。でも本当に良かった」と大喜びしてくださり、恩師の教えに少しお応えできました。

●会社も〈守、破、離〉が必要です

どこの国の会社も、どのような会社も、会社自体が〈守、破、離〉の連続なのです。

創業時は始めた仕事を愚直に繰り返し、腕や技術を磨いていきます（〈守〉）。そのうち、今までの仕事を通じて学んだことを基本に、時代の流れに沿って少し新しいものを取り入れていきます（〈破〉）。やがて、その技術も時代遅れとなり、製品自体が必要とされなくなります。その前にそれを感じとり、新しい市場や新製品の開発を始めます（〈離〉）。または、そのような会社を買収したり合併したりします。

これを実現し会社を発展させるには、〈守、破、離〉に適切な人材が不可欠なのです。

ですから、会社は社畜や歯車を求めてはいますが、本当にただの社畜の「会社人」ばかりでは、「ウチの会社」の将来はなく倒産は近いでしょう。

会社はみんなのものです

会社とは、お金もうけを目的とした人の集団です。ですから、立場はいろいろ異なりますが、その目的に賛同した人々が、参加して成り立っているのです。

みんながそれぞれの立場で、それぞれの役割を精一杯果たすことが、会社を大きくし、もうけさせ、分配が増えることにつながります。

創業者たちは、経営の第一線から退きましたが、創業者利得を得て「悠々自適の生活」を楽しみ、自分たちが「創業した会社」が社会に役立っていることを確認し、余生を楽しんでください。

株主たちは、投資したお金が戻ってこないかもしれない、というリスクを負いますが、会社の目指す方向や新製品・新市場に賛同し、その会社の株式を購入しました。直ちに配当がなくても、株価が上昇しなくても将来を楽しみに辛抱しましょう。

経営者たちは、株主総会で選任され経営を委任されたことを常に自覚し、その委任の範囲内で最大の経営努力をし、会社人が違法残業や過労死することもなく楽しく働ける環境をつくり、効率の良い経営をして適時適切に新製品を出し、また新市場進出を果たす。そうすれば大きな成果が得られ、会社人の給与を上げ、賞与も出せる。そして株主には辛抱していただいた期間の分も含め、しっかり配当が出せます。もちろん、その経営手腕を評価した株主たちは、彼らを再任することは間違いありません。

会社人たちは、自らの仕事に自信と誇り、ときには愛すら感じて、よき経営者の下で自らの意見も通して、手を抜くことなく忙しいときには遅くまで、ときには土日も出勤し、育児を祖父母にお願いして頑張ってきました。その今までの苦労が大きな成果として花咲きます。給与もボーナスも増え、久しぶりに家族サービスし、今まで支えてくれた奥さま・旦那さまや子どもたちと

「家族の時間」を堪能できます。そしてワークライフバランスのとれた生活が継続するのです。

取引先は、材料の値段をたたかれ、支払いも何度も延ばされ苦労しましたが、ようやく新製品が発売され大人気で、材料の手配が間に合わないほどです。嬉しい悲鳴です。辛抱して取引をしてきて、よかった、よかった。

地域住民は、会社が繁栄して多額の法人税を納入してくれるので、道路の整備や美術館の新設などで、文化的な街に変わっていき、人口も増えてきました。自分の住んでいる街を誇りに思えるようになりました。ありがいことです。

銀行も、増資では足りなかった資金を「特別長期」「特別低利」で融資し、一度はヤバイのでは、と思ったときもありましたが、「資金という血液を融資し、優秀・良質な会社を育成する」という、金融機関本来の使命を果たせました。これからはもっと積極的な企業活動ができるよう、そして他産業との共同開発もできるよう、銀行の取引先ネットワークも利用していただき、新しい資金の貸しつけもできそうです。

株式を公開すれば、誰がどれだけ購入しようと自由です。その会社の決定権を握る過半数の株式を購入すれば、その会社は自分のものになります。でも、「会社」は手に入っても、それがすべてではありません。第一、「会社人」が全員辞めてしまう、あるいは、仕入先が協力しなければ、消費者が購入しなければ事業の継続ができず、会社は成り立ちません。

ですからその関わり方や気持ちに濃淡があっても、やはり「会社はみんなのもの」といえるのではないでしょうか？

会社に関係する全員が、「会社はみんなのもの」と自覚し行動するとき、会社は大いに繁栄し関係するみんなに利益をもたらします。

私が最初に取締役になった会社で、上場を目指し毎年資本金を倍額増資した際「社員持ち株会」【↓付録248ページ参照】を創設し、希望者に会社の株を買っていただきました。そのとき、「みなさんは会社で働き給与を受け取っています。一方では消費者として『ウチの会社』の商品を買います。また近隣に住む地域住民は『ウチの会社』と無関係ではありません。預金もされます。その銀行から会社は融資を受けています。間接的にですが会社に融資されているということです。それに加え株主となれば会社の重要事項の決定にも参加でき配当も受け取れます」と説明しました。

結果8割を超える人が購入し、毎年5％から10％の配当を受け取られました。株主向けの各種資料を配布し、その読み方も説明した結果、自分の働きが会社の利益にどのように結びつき、配当として還元されるか身をもって知ったのです。

会社人、株主、消費者、地域住民として「ウチの会社」の発展を考え行動し、新製品や新市場開発に真剣に取り組んでいただき、会社を成長させその恩恵をいろいろな形で享受されたのです。そのおかげで、会社は輝き、みなさんは「ウチの会社」に「誇り」と人によっては私と同様に

「愛」すら、感じるようになられたのです。

　実はこの本の元になった『会社人の常識』（長崎出版、２０１２年）は、その説明会やその後、労働組合の執行役員をはじめ希望者に、会社の仕組みや会社の利益・財務諸表の見方などの勉強会を開催しました際に編集した資料が基礎になっています。その後何度も書き直して「勉強会」や「講習会」で使ってきたものがベースとなって世に出たのです。

第 **2** 章

後悔しないための就職活動

本当に、あなたは会社に就職したいのですか？　公務員になりたいのですか？　あなたが入社したいと考えている会社で本当に幸せになれますか？　本当に、10年後、20年後もその会社で過ごせそうですか？

就職活動は自分探しです。もし最初に希望していた会社に入れなくても、その活動を通じて自分の道・人生、「好きな仕事」「好きになれそうな会社」を見つけ出せれば、あなたの就活は成功と言えます。

「就活中のあなた」は商品です

就職活動中の学生さんは商品です。1日24時間という限られた時間と労力を売る商品なのです。それも新しく市場に出されるスマホのようなものです。

みなさんスマホを買うときどうしていますか？

まず、インターネットで各社製品の性能と価格、デザインを研究・比較しますよね。そして「コレダ」と決めてもまだ「カートへ」をクリックはしません。週末に家電量販店に行き、現物を見て満足すれば、ネット情報と違っていなければ、ようやく「これにしよう」。

でも……もっと安く買えるお店ないかな……と、今度は購入店を調査します。

でしょう？　スマホでもこれだけ慎重です。そして情報があふれています。

あなたが「狙っている」、つまり就職したいと思っている会社にとって、あなたは新発売のスマホと一緒なのです。まず、ネット（エントリーシート）でサッとふるいにかけます。その後第一次面接、二次面接、インターン、三次面接、役員面接……これどうかな……こっちの方がよさそうだな……。「こいつ素直でなんでも聞いて、残業代なしでも100時間いけそうだし……」

新入社員の初任給（価格）は同じです。それなら機能がたくさんついているやつ、デザイン

（見栄えが）いいものを。軽くて、薄いやつがいいな……。同じ機能で、デザインが同じなら、やっぱり安いのがいいな……。しかもいやならすぐ交換できるのがいいな……となり、やっぱり派遣や契約社員にしよう！　となります。

これが、あなたが「狙っている会社」の本音です。就活の実際の姿なのです。でも、うまく狙い通りの会社に就職できたとしても、実はブラック企業でした、では明日はありませんよね。そうならないためにはどうすればいいのか？

この本は就活のハウツー本ではありませんが、就活を視点を変えて考えるには多少のお役に立てると思います。

そうです。あなたは商品です。でも「あなた自身」が売り物ではありません。それでは奴隷です。「あなたの時間と労働力」が商品なのです。そしてあなたは自らの意思を持つ人間です。こちらにも選ぶ権利があります。意思を持たないスマホのような無機物ではありません。

あなたは自らの意思を活かした自主的な就活をしなければなりません。

●性格診断に頼る会社は衰退する

就職活動では多くの場合「性格診断・検査」が行われています。これは面接官、経営者の資質の低下が原因だと思っています。自ら判断できないから「就職支援業界推薦」「学会の権威者が開発した」ものが重宝されるのです。

でも、その判断は就職活動時点のもの、ですよね。

多くの人は「人間の性格はそれほど変わらない、ましてや20歳も超えれば」と言いますし、それを前提にこれらのツールは用意されています。そうかもしれませんが、私はそうは思いません。チョット次のAさんとBさんの例を見てみましょう。

ここに2人の新入社員がいます。

Aさん＝明るい性格。積極的に発言する。人と話すのが好き。くよくよしない。常に前向き。

Bさん＝チョットおとなしい。消極的で人と話すのがいや。何事も慎重すぎる。落ち込む。

入社から3年後の2人

Aさん＝元気で勇気があり、明るくやる気にあふれ、みんなに可愛がられ業績も伸びる。だから、真剣に商品や顧客を研究しないでも当分は業績が目立って上がる。でも結果、商品の詳細がわからない。お客様の真の深いニーズを摑むことや理解ができていない。愛嬌と明るさだけで成績を伸ばしている。

Bさん＝悩みながら、慎重にコツコツ情報を集め、よく考えて、隣の部署にもコネをつくり自らの活路を求めてきた。誰よりも商品の機能や価格に詳しくなり、顧客の真のニーズもしっかり掌握できるようになる。結果として、商品と顧客の双方をよく知り、新しい提案もできるようになり、確実にかつ安定して業績が伸びる。社内の評価も少しずつ好転していく。

さらに何年か後、

Aさん＝持ち前の明るさでチームをつくり、チーム力で業績をのばす。管理職も目前です。
Bさん＝慎重心が邪魔して伸び悩み。社内の失望感へとまた評価が一転する。

そして、競争会社が強力な新製品を出し、会社は急激に業績悪化。
Aさん＝つけ焼き刃の対応と「イケイケ」で来たチーム全体に沈滞ムードが漂い、現状分析もしっかりできず、新しいアイデアも出てこない。解決策なし。
Bさん＝慎重にやってきたので、「何が、なぜ起こったのか」を直ちに分析でき、現状への対応策も出せて顧客の引き留めにも成功。あわせて「新市場開発」に成功して業績を伸ばす。

もちろん「ウチの会社」が危機に陥らなければ、Aさんはそのまま第一選抜で管理職、取締役へと上昇していったでしょう。でも一旦入社したら順風満帆の会社人生活、少しの嵐も吹かない会社人人生は、現在の世界情勢や経済状態では考えられません。会社にはAさんもBさんも、そして2人を合わせて2で割ったCさんも必要なのです。AさんにBさんの慎重さを、BさんにAさんの積極性を足していく、それが会社の人材育成であり、会社の成長の一つの鍵でもあります。

私は人事担当の取締役も長年勤めましたが、採用時の〝点〟での判断を継続したことはありません。人間ですから死ぬまで成長します。また会社とともに成長していただきます。との前提で人事制度や社員教育・研修なども用意してきました。

小学校中退、暗い性格、離婚、下院議員選挙2回落選、不器用、不細工なむっつり者。でもアメリカ大統領になり奴隷解放した。彼の名はエイブラハム・リンカーン。

また、ゴルダ・メイアがイスラエルの首相になったのは72歳。ウィリアム・ピット（小ピット）が英国の首相になったのは24歳。バーナード・ショーは94歳のときに最高の芝居を書いた。ベンジャミン・フランクリンは16歳で社説を書いた。将棋の連勝記録を塗り替えたのは藤井聡太四段14歳。マララ・ユスフザイさんは17歳でノーベル平和賞受賞。

でも逆に、ノーベル平和賞を受賞しても、その後の行動で世界中を失望させた人の例も少なくありません。

年齢や「性格テスト」なんて気にしないで本人が自分を信じ、誇りをもって努力を怠らないことではないでしょうか？

私が人事担当取締役だった頃は、同じような人材が採用枠以上に役員面接まで残った場合や、いい人材だが当社には合わない、などの場合には面接後、一人ひとりにその理由と、次の会社ではどのように対応するか、をお話していました。一期一会の出会いです。どこでお世話になるかわかりません。将来わが社の重要なお得意先になるかもしれません。何より将来性がある若者です。人生の先輩としてできるだけのことをするのは「社会的責任」と自覚していました。

でも誰しも「神」ではありません。ときには数カ月後、1年後に「やはり当社では無理だな」となった場合もあります。そのようなときには人事部で転職のための指導や推薦状を用意し、ハローワークや転職支援会社へ依頼し、面接のしかたも教示していました。

残っている会社人もそれを見て「安心感と忠誠心」を保持してくれました。

会社への忠誠心や仕事への愛情は、会社が会社人に一方的に要求するものではありません。会社人と会社・チーム・職場との相互通行なのです。一方通行では長続きしません。

中小企業だからできたのでしょう？　ですって？

そうですね。そのような大会社で人事担当役員がそこまではできません。でも「その考え方で人材を確保し育成し、ダメでも最後まで面倒見るべきではないですか？」と言いたいのです。

大企業さまも、少なくとも努力してくださいよ、あなた方が取捨選択している人々を「あなたの子ども」と考えて。あなた方が選別を悩んでいるのは人間であり、スマホではないのですから。

●リクルートスーツは変わる

就活中のみなさんは、同じ色の服とシャツ、ネクタイ、ブラウスを着用させられるのはなぜだか知っていますか？　いろいろな服装で来られると、面接官が困るからなのです。面接される人が、自分を一番引き立たせ個性を表現できる服装ですと外見に目が行って、中身の判断ができない面接官が増えているのです。はっきり言って質が下がっているからなのです。

スマホでも、色や操作方法、軽さ、価格などで「差別化」をしているではないですか。同じ色で、同じ形状、同じ価格で競争できますか？

国際化や多様化が求められる今の日本では数年のうちに、女性ならチョットおしゃれなスーツやスカートに色ものブラウス。高くなくてもいいですから、その人らしさを表現できる服装で。男性も、背広の色は黒だけでなくグレー、茶色も。胸のポケットにはチーフを。シャツも薄いピンクやブルーなどにカフスボタンを留めて、の時代がきますよ。

他の人からなんといわれても「時代を先取りして、自分が一番輝く」就活スーツで臨んでみてはいかがですか？　それに驚くのではなく「いいセンスしてるな……」と感じ評価する面接官も出てきます。いや、入社を勝ち取りあなたが自身が数年後には自らの意思ある面接官になるのです。

または逆に、普段着で来てください。緊張しないでご自分の真の姿を見せてください。容姿より、弊社でどのような会社人生活を送りたいですか？　が大事な会社も出てきます。

●残る仕事／会社・消える仕事／会社

今、あなたがエントリーシートを出し入社を狙っている会社が、20年後も30年後も存在しているだろうという自信はありますか？

この本を書いている2017年11月にも、学生さんの就職先として人気の高いメガバンク各行の国内業務大幅縮小や、地方銀行・スーパーマーケットの合従連衡《がっしょうれんこう》が急速に進んでいることなどがニュースになっています。

学校の就職支援室や親が薦めているから「いい会社」でしょうが、入社後も「いい会社」が継続するとの保証はありませんよ。ここ10年ほど前までは「超有名・優良企業」といわれていた三洋電機、パナソニック、東京電力（東電）、三菱自動車、神戸製鋼所、ワタミ等は消えたか、消えなくても不祥事や過労死やリストラ［→第４章141ジペー～参照］などで大変です。

不祥事が起こらなくても、時代の変遷で消えていく、また合併・統合・買収される業種・会社も出てきます。２０１６年10月に、日本郵船、三井商船、川崎汽船のコンテナ部門の統合が報じられました。３社のコンテナ部門で働く会社人にとって、いい話であるはずがありません。

また、２０１７年９月29日には回転ずし大手の「スシロー」と「元気寿司」の合併が報じられました。「スシロー」は業界1位の売り上げですが、店舗の大半が国内です。一方の「元気寿司」は業界5位ですが、海外店が半数を占めます。この合併は財務体質がいい「元気寿司」が主導権を握ると私は見ています。でもどちら側の会社人も「自分の地位は大丈夫か？」と考えますよね。

外国人との競争となる職種として、コールセンター、レジ打ち、パソコン操作、ワープロ打ち、プログラマー……などは今日でも厳しい競争にさらされ、早晩外国人にとって代わられそうです。業種でいうと、スーパーやコンビニ、自動車関連業種などは、異業種からの参入と電気自動車・自動化などでこのままでは将来は明るいとはいえないと思います。だから、新市場や新製品開発に一所懸命なのです。また、メガバンクをはじめ金融機関も合従連衡が進むと考えられます。

反対に、日本国内で「日本人でないとダメ」という職業もあります。

まず自衛隊、警察官や消防士は日本人でないと無理です。その他の公務員も管理職などには制限があります。公務員をはじめ「日本人」だから安心できる職種として、住宅セールスマン、美容師・理容師、医師、保険セールスマンなど。また、日本料理店、呉服屋さん、貸衣装屋、旅館の女将さんや日本舞踊の師匠、書道家や日本芸術家など、生まれたときから日本文化を理解していなければ難しい職業はいつまでも残るでしょう。朝日新聞の「天声人語」、読売新聞の「編集手帳」、毎日新聞の「余禄」などは外国人にはチョット書けないのではないでしょうか。

なお、ここでいう日本人とは、日本で生まれ日本語と日本文化の中で育った人で、国籍が外国でも、ご両親が日本人でなくても「日本人」に含まれることをご理解ください。

最近日本の製造業は厳しい状態にありますが、技術継承のため中小企業でも多くの人材を必要としています。「輝く中小企業」「夢の中小企業」などのタイトルで多くの新聞が個性的で将来性のある、無名の中小企業を発掘して記事にしています。すべての中小企業が大きく飛躍することはないでしょうが、それらの記事から読み取れるのは、創業者が自らの夢を信じている。しかもただの夢ではなくしっかりとお客様の目線で確認し自信を持っていることです。それになんといっても社員を人間として、仲間として見ています。コストなどとは誰も思っていないことです。女性の起業家も増えています。20年30年先を考え見極めてください。それと、グローバル化の波は止められません。今までの日本的閉鎖的思考では明日はありません。今後は会社の種類、職種のいかんを問わず、異なる人々と異なる意見・見方・考え方を受け入れ学び一緒に成長することが求められると思います。

●意志ある人間として能動的な就活を

私が最初に就職したのは１９６６（昭和41）年、京都の呉服専門メーカー問屋でした。しかしその頃から、「呉服」は毎年日本の人口以上が生産されているにもかかわらず着る人は減る一方で、すでに斜陽産業でした。

その斜陽産業の会社になぜわざわざ就職したかと言いますと、社長面接で二代目60代の社長がその点を率直に認め、「これから熾烈な競争が始まります。でもいいものは必ず将来も残りますし、日本の伝統は守らねばなりません。私はその方策と資金と、何より覚悟があり、当社はそれを実現する技術と人材が揃っています。一緒に日本の女性全員を当社の着物で輝かせませんか？」と語ってくれた、その熱いお言葉に、「ヨーシとりあえず10年間やってみよう、俺が売る着物で日本の女性全員を輝かせてやろう……」と考えたからでした。私はその会社で「会社人」として第一歩を踏み出し、多くの貴重なことを学び、その経験は、後の「会社人」生活に大いに役立ちました。

自分がアプローチしている会社がどのような会社なのかをシッカリ確認して、覚悟をもって就職してください。いつか消える会社でも、働いている間に時代を越えて世界に通じるノウハウを身につけるのです。

●自らの必要性をしっかり説明できるか

・「当社があなたを雇用しなければならない理由を二つ挙げてください」
・「他の人ではなくあなたを雇用する必要性を1分で私を説得してください」

・面接官がモンブランの万年筆を取り出し、「これを私に売り込んでください」
・「○○（面接している会社の競争会社の商品名）をご存知ですよね。それが当社製品より優れていることを20秒で説明してください」

アメリカ映画などでよく見る場面ですね。日本ならさしあたり「自己ピーアール」や「対応力の判断」でしょうか？　こうした質問に、あなたは適切な対応ができますか？

でも全員「就活本」を読んで同じような言葉で同じようなアピールでは、面接官にはなんら面白くありません。面接官も「これで絶対面接は通る」などのタイトルのハウツー本は必ず読んでいますよ、「節税の仕方」は必ず税務署員さんも読んでいるように。


アメリカ留学時、私は学費を稼ぐため働く必要がありました。

「この学生は働いても勉学に差し支えない」との証明書つきで大学を通じて、ワーキング・パミッションを何度も申請しましたが却下。

それで辛抱できず、移民局に出かけました。

担当官「君には○○という立派な保証人がいる（受け入れ学校が決まっていなかった私は観光ビザで入国していて学生ビザに切り替えるには一度帰国する必要がありました。でもそんなお金はありませんでしたので、知り合いを通じてある国会議員の保証書で学生ビザをいただいていました）ではないか？　なぜ働く必要がある？」

私「ハイ、その方は私の人格を保証していますが経済面まではしていません」

担当官「でも、君が働くということは1人のアメリカ人が仕事を失うことだよ」

私「それは違います。まず、最初に理解いただきたいのは、私は闇で働き貴国の法律を侵すことがいやでこうして自ら進んで出頭しています。それと私は稼いだ金を持って帰るわけではありません。その金は学資としてアメリカの大学に還元されます。その金で1人の貧乏学生がアメリカの自由と民主主義を学び、日本に帰りそれを喧伝します。あなたは私という1人の将来性のある青年の未来を、そしてアメリカ政府がコストなしで自国のよき面を世界に知らしめることができるカギを握っているのです。そのカギをあなたは無駄にするのですか？　私は誰かの職を奪うのではなく、仕事を創造するのです。そのように考えれば、政府の役人であるあなたもアメリカ人の権利を保護し、かつ外国人の学ぶ権利も守れるのではないですか？」

呼び出されて行ったのではないですから、担当官はときどき席を外し、隣で「you broke American low, so you have to leave within 24 hours!」と言ってパスポートにスタンプを押す声が聞こえました。

そうして2時間アングルを変えて説得しました。最後は「OK. Mr. Saito, you won!」で、パスポートにバーンと労働許可のスタンプ！　私「Thank you very much sir Mr.Trump!」で、二人で握手！

これで、堂々と仕事探しができます。しかも違法就労ではありませんから「正規の賃金」で。国会議員や官僚が集まるワシントンDCでは結構有名なステーキハウスのウェイターの仕事をその日に見つけました。それと、この経験は後日「名古屋外国人雇用センター」で嘱託として働いたときに、外国の人々の仕事探しに大いに役立ち、感謝されるというご褒美もありました。

まーここまでエッジを立てなくてもいいですが、信念をもち、自らを信じて、相手におもねることなく、面接にも、その後のお仕事にも取り組んでいただきたいと思います。

ブラック企業にダマされない戦略

この本の原稿を執筆中の２０１７年10月6日、東京簡易裁判所は法人である電通に対し、「違法な長時間労働が常態化し、サービス残業がまん延していた。違法な時間外労働で尊い命が奪われる結果まで生じていることは見逃すことができない」と指摘し罰金50万円を言い渡しました。法人に対してですので金額は低く、懲役刑にはできないですが、判決は非常に重いものと私は考えます。世の経営者は真摯に耳を傾け「本当に二度と起こらないよう」にしていただきたいと願います。

しかしその後も、NHKの女性記者が長時間労働で過労死認定（２０１７年10月５日）を受け、三菱電機では新入社員が「いじめで自殺」したとご遺族から提訴されたと報じられています（同９月28日）。ご遺族には心よりお悔やみ申し上げます。

「KAROSHI」という言葉が世界的に通じるようになったのは１９００年代の終わりです。今やブラック時代といわれますが、ブラックな働かせ方は紀元前からあったと私は思います。強いものが弱い者を犠牲にして繁栄するのはギリシャ時代、いやそれ以前からあったのです。戦いで負けた国民は戦勝国の奴隷、という現実は西洋・東洋を問わずありました。またアメリカ大陸ではアフリカからの黒人が１９６０年代まで何かと差別を受けていました。ニューヨーク・マンハッタン、オーチャード通り97番地にあるテネメント博物館（Tenement Museum）に行けば、英語がわからない移民たちがいかに過酷な環境で搾取されていたかがよくわかります。

でも、働く人が声を上げ立ち上がり、「人間を人間として使う」ための各種法令整備が徐々に整いこれらの産業や企業は駆逐されてきました。そのなかで世界では「先進国」といわれる日本だけでこのような「ブラック企業」が多発するようになったのです。企業だけでなく、社会全体が考え行動するときではないでしょうか。

そのようなブラック企業にダマされない方法を、ネットなどの情報に頼るのだけではなく自分の自主的行動で見抜くことも重要な、非常に重要なことではないでしょうか？

日本のこの悲しい恐ろしい現状を「就活中のみなさん」も、またすでに「会社人」であるあなたもご自分のこととして、なんとか変えていかなければ日本に明日はないのでは?

●企業側の視点に立ってみる

会社にとって「会社人」はスマホとは異なり、非常に高い買い物です。

しかもいったん、購入(採用)すれば簡単には返品できない(解雇やリストラで恥じることもなく「返品」している企業も多いですが……)、特殊な商品なのです。

例えば、年収平均が300万円としても20年間で6000万円、ときには1億円を超えます。

企業活動の継続・成長には四つ重要な資源が必要です。ヒト、モノ、カネ、そして情報です。「人」以外の良質な資源の確保と活かし方はすべて「人」にかかっています。

このことは長年会社の取締役としてまた経営コンサルタントとして企業経営に携わってきた者として自信を持って言えます。

ヒト以外の資源は土地を除きほぼ例外なく時の経過とともに価値が下がり、時代遅れとなります。が、ヒトは「自己成長欲」が自然に備わっていて、適切な環境設定や方向づけを用意すれば新人時代では考えられなかった人材に成長し会社に膨大な利益をもたらす可能性を持っているのです。まさに人材は「人財」なのです。

最近の、東芝、神戸製鋼所、シャープ、三菱自動車などの例を見るまでもなく、稚拙な経営、不祥事の隠蔽、開発力の遅れなど、理由は多種多様ですが、結局は「人」の問題です。幼稚な経営者と、その経営者の下で上のご機嫌ばかりをうかがう「ヒラメ」ばかりの保身管理職集団が自らの首を絞め、社員とその家族を路頭に迷わせ、取引先を倒産に追い込む結果を生んだのです。これをみても人材の重要性はおわかりいただけますよね。

ですから、会社は優秀な人材確保に真剣であり「人材が確保できない」というリスクとプレッシャーはみなさんが考える以上に大きなものがあります。

このプレッシャーが「嘘」や「隠す」「事実より良く見せる」につながっていることを知ることも重要です。

しかしまた一方では、自分の金銭欲を満たすだけの目的でその手と足となる人間が欲しいだけ、という節操のない会社もあります。そのような会社は人間を人間とは見ていません。ただの金もうけの道具です。ですから「嘘の塊」のような人材募集広告を平気でやっています。

就職戦線に出ていく人はこれら会社側の事情・心理・思考を知っておくことは不可欠なことです。

みなさんにとって「人生を懸けた就職活動」の相手側、つまり企業側にはどのような意味があるのかを「買手側」に立ってみる。自分側だけでなく、相手側からも考える。これからの「会社人生活」にも必ず役立ちます。

●就職情報（求人広告や会社説明会）から見抜く

リクナビやマイナビ等の就職支援媒体は労働市場の仲介者ですが、買手、つまり企業側が広告費や指導料を支払っていることを忘れないでください。

ですから、統一形式で一見他社との比較ができるようになっていますが、料金によってスペースが違っていたり、広告とは思えない「記事」になっている場合もあります。少なくとも就活中の人には重要な事でも、企業にとって都合の悪い情報は掲載されていないのです。でも「ブラックかもしれない」企業を見抜く方法があります。

①「若手が活躍できる」「入社3年で店長です」「実力次第で年収1000万円も可能です」

「夢」「成長」などを売り物にしている会社は、短期間での退社が多くベテラン社員がいない。入社後も競争させられる世界中に展開しているファッション店のような会社の可能性大いにあり注意です。

社員は過労死や使い捨てで「会社は成長し、創業者だけが夢を実現し」繁栄しているだけかも……。

②「急成長」や「事業拡大」で大量採用している会社

これも要注意。リクナビやマイナビの中途採用情報もチェック！　が必要。成長も拡大もしていないのに、ただ退職者が多い。人の出入りが多いだけでいつも中途採用をしているという会社かも。

③給与がやたらに高い会社、または安い会社

この本を書いている時点での新卒の初任給は18～22万円前後が相場です。25万円などと異常に高い初任給の会社は「何かある」と考えるべきです。

例えば、一定の残業代込とか。売れ残り商品を常に買わされるとか。有給休暇・慶弔休暇など全くなし……などなど。

反対にやたらと安いのも要注意。外国人技能実習生（この問題は別にあります〔↓第5章147ページ～参照〕）と同様に考えているとか。人間を使い捨てにしてもいいような仕事しかないとか。

給与に関しても、同業他社との比較が不可欠です。

④会社説明会でダマされない方法

まず、リクナビ等の就職支援会社主催の「企業説明会」は、出展企業が大金を払って参加し、主催者が事前に調査し、学生が求めているもの、人気があるものの情報を提供し、それらに合わ

せた「振付」を支援していることや、会場で配布されるパンフレットはその会社に不相応に「立派なもの」に厚化粧しているものもあることも知っておくべきです。

また、一社で会社説明会をする場合、会社規模に不相応な豪華なホテルなどで、有名人によるセミナーまで開催するところもありますが、当然ながら毎日働く職場環境がそのような華美な所であるはずがありません。その有名人がいかにもその会社の社長と親しいように話していても、「高い講演料をもらってそのときだけの友人！」という現実もしっかり自覚してください。なんだか選挙と似ていますね。

明らかに背伸びし過ぎの会社に入社し、現実とのギャップにガックリ！　では遅いですよ。

⑤社長がやたらと目立つ会社、社長しか出てこない会社

これも要注意。ベンチャーやIT企業に多いのがこのタイプです。社長が直接「夢」や「展望」を訴えたいから、ともいえますが、実際は社長の思いと現実のギャップが大きく、他の役員・社員では「バレル」恐れがあるので会わせられないのかもしれません。

●面接から見抜く方法

面接は「お見合い」にたとえられますよね。ならば、お互い同等の立場ではありませんか？

何も卑屈になる必要はないのではありませんか？

私が最初に就職した呉服メーカー・問屋での社長面接のいきさつを申し上げます。

経理経営専門学校の校長推薦で、その頃京都で結構大きい税理事務所に就職が決まっていました。でも所長面接時に「静かで暗いなー俺向きではないなー」（その頃税理事務所の職員は黒い腕カバーをはめて、黙々とソロバンをはじいていました）と思っていた私は、先輩から「来年の新卒を8人採ったが、みんなおとなしいのだよ、君のようなウルサイ変わり者も1人欲しいのだよ。断ってもいいから俺の顔を立てて面接だけ頼む」と言われ、直接社長面接に出かけました。

もちろん顔にも言葉にも出しませんが、心の中では「俺も社長を面接してやるのだ」との心意気で臨みました。学生の私におもしろい経験などあるはずがありません。ですから社長からいろいろ拝聴したのです。業界のこと会社のこと、とりわけ社長方針などは真剣に拝聴しました。その間、まず目の動きや両手の動きをよく観察しました。特に自慢話の時の態度は、笑顔なのか、澄んだ目か、不自然なところはないか？

40分後、社長の方から「で、私は合格ですか？」と来ました。私の負けです。いやこの会社以外にありません。「ハイ、合格です。税理事務所は断ります」。

こうして私の「会社人」生活が始まりました。まーこれほど飛び跳ねなくともいいでしょうが、「お見合い」なら「お互い」ですよね。こちらも相手をしっかり見て決めなければ。そうです「意志ある人間」です。スマホではありません。

それから、もうすでにご存じでしょうが、外食産業の面接時の売り言葉によくあるのが、「自分の店を持てます。お客様の笑顔、満足されたお顔が我々の勲章です。一緒に汗して働きあなたの夢を実現しましょう」。入れば違法残業・無法残業が待っています。「夢」があるのは経営者だけ。

●30秒と62円の投資

最近は、名乗らない面接官や、面接結果も知らせてこない会社が増大しているようです。

私の「秘策」を申し上げます。

面接は「お見合い」にたとえられます。一方の当事者の面接官は当然、氏名や役職名を名乗るべきです。私が相談を受ける企業様には、採用面接について次のようにお願いしています。「今回は縁がなくても、将来は当社の非常に大切なお客様になるかもしれません。一期一会、余情残心で接してください」と。

不採用の場合に連絡をくれないようなところは、いくら有名でも給与が良くても、人を人と考えていない会社です。入社しても後悔するでしょう。

そこで提案です。面接の最後に「失礼ですがお名前をいただけますか?」と尋ねた上で、「○○様、本日は貴重なお時間をありがとうございました。もしご縁がなくてもこれでご連絡ください」と笑顔で自分宛のはがきを手渡すのです【↓次ページ例参照】。学生から企業を教育していくのです。後輩たちのために。

30秒と62円の投資です。そのセンスを認めてくれる会社はきっとあります。

・複数の面接官がそれぞれ矛盾したことをいう場合がありますが、その場合はシッカリ確認することです。隠された、粉飾された、厚化粧された事実がわかるかも。

・面接の場で、「あなたは素晴らしい、是非ウチに来てください」。エッ！　もう決まり!?　やったー!!　チョット待ってください。それはヤバイよ！　ブラックに間違いなし！　です。なぜなら、入社した人がすぐに辞め、人材不足が恒常化しているのです。

・その他、面接に行ったら面接官だけでなく、他の社員の対応や態度、トイレの清掃状態（できれば面接会場でない階のトイレがいいですね。面接会場に案内される途中で「ちょっとトイレを借りてもいいですか?」とお願いしたり、満員になるのを待ってわざと別の階へ……）

・集団面接でも個人面接でも、「面接してやる」上から目線の面接官。面接の「世話役」の態度、進め具合や学生への接し方などが気になる、気分が悪い。また集団面接で、差別された人がいた。気分を害するようなことを言われた人がいた。「採用者」にだけ通知がくる会社なども、合格してもご遠慮された方がよろしいかも。入社後も何かと問題あると思います。先輩たちにも確認してみてください。

面接に持参する「はがき」の見本

〈表側〉 自分の住所をプリントします。

1234567

東京都白田区黒田町一ー二ー三

齊藤紀夫 行

「様」ではないですよ。

でももし、「様」に書き換えて返送されれば、礼儀を知っている会社です。

〈裏側〉 事前に判明している情報に従って工夫します。こんなところですかね。

どちらかに○をつけて投函ください。

①今回の面接は合格です。
・別途　月　日　時に来社ください。
・改めて連絡いたします。

②残念ながら今回は採用を見送ります。
応募書類は法令に従って当方で処分します。

〒100-1234
東京都黒田区白田町4－5－6
超ホワイト広告 株式会社
（担当者名がわかればその場で手書き）

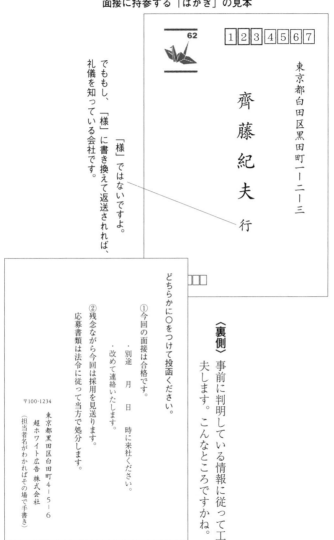

コミュニケーションは祖父母・町内会を活用する

ハウツー本では「コミュニケーション力をつけよう」とのフレーズをよく見ますが、この件について一つだけ申し上げますと、親、学友、バイト先の人、学校や塾の先生だけとしか話したことがない人は、同居、別居を問わず祖父母との会話を増やす。慶弔時の親戚の集まりで会話をする。町内会の運動会やイベントに進んで出かけ年代の異なる人々知らない人々と話をすることでコミュニケーション力がつくこと確実です。しかも無料ですよ。

私は採用側に30年間以上携わり、さらに就職支援活動もときどき行っていますが、お祖母ちゃん子やお爺ちゃん子、外国での滞在経験がある人は、すぐわかります。年齢・性格・性別・人種が異なる人々との会話がチャンとできるのです。

そのような人材を企業が求めているのです。また、そのような人材は入社後も伸びます。

●客観的情報での確認

就職情報誌や企業が発行する企業案内は「広告」です。と申し上げましたが、では「客観的情報」はどのようにすれば入手できるのでしょうか？

1　「会社四季報」や「就職四季報」で調べます

①入社3年後の離職率や男女別定着率がわかります

給与の高さや有名だから、上場しているから……等の理由で就職しても、新卒入社者が3年間で30％も辞めていればヤバイです。もちろん、業種によっても大きく異なりますので、その点も注意してください。飲食業、塾・学習支援業、娯楽業、不動産業などは高い傾向があります。会社説明会では「女性が活躍できる会社です」との説明でも、「四季報」で調べると女性の定着率が悪いかも。

②昇給率もしっかりと

初任給を高くして学生さんを「釣って」も入社後の昇給が低く、平均年齢40歳で年収３００万円では、結婚もできず子どもなんてとてもとても……。最初の給与に「釣られ」ないように。

③有給消化率がわかります

有名な大企業でも有給消化率が悪ければ電通のような悲劇が起こるかも。

④育児休暇や介護休暇の消化率がチェックできます

「名ばかり管理職」ではなく「名ばかり休暇」でして。法律で決められているから一応ありますが……誰も取得したことがなくて……いや、誰も取得できないのですね。そんなことを申し出れば、辞めなければならなくなりそうで……。こんな会社も今は多いですよ。会社人にとってありがたい規則は、すべて「有名無実」という会社。

⑤平均年齢と平均賃金がわかります

初任給を高くして学生さんを「釣って」、入社後は昇給がないかあってもほんの少し、しかも月99時間の残業と土日出勤、でも残業代は40時間で頭切り。待っているのは過労死か過労自死……。

公務員については、ほぼ正確な情報が提供されると考えていいと思います。

※「会社四季報」は、上場企業や大会社など約3600から4000社をカバーしていますが、日本には約400万の会社があるといわれています。その90%以上が中小企業です。職種によって異なりますが、資本金が3億円以下の会社を中小企業と呼びます。この中には社員は社長だけ、という会社も含まれます。

2　「企業年鑑」でチェックします

「四季報」には掲載されていない会社の場合は「帝国データバンク企業年鑑」とか「東京商工リサーチ東商信用録」などでチェックします。これらの資料には14〜15万社が掲載されています。掲載内容は①業種②資本金③住所④役員の氏名⑤最近3期の売上高と利益高⑥取引先や取引銀行名⑦社員数⑧そして総合評価などです。

みなさんが知りたい平均賃金〔↓第5章176ページ〜参照〕や有休消化率などのデータは掲載されていませんが、読んでいるうちに他社との比較や成長しているか衰退しているかなどがわかってきます。

3　法人の登記簿謄本を取ってチェックします

内定をもらった会社が上場企業（上場企業はホームページの投資家向け情報で知りたい情報はほとんど入手できます）以外であれば、情報の確認のため法務局で法人登記簿の写し、それも「履歴事項全部証明書」を取ることを薦めます。

※法人登記簿はわれわれ自然人で言えば「戸籍謄本」に当たります。他人の戸籍謄本は個人情報保護の観点から簡単には入手できませんが、法人の場合は、債権者や利害関係者保護の目的からその法人の①会社名②住所が判明していれば、誰でも取得できます。外国の会社、遠方の会社でも、日本支店や支社のものを近くの法務局で手数料（６００円。インターネット請求は郵送料込で５００

円、窓口受取ならさらに安く480円）を支払えば取ることができます。

そこには①法人名（会社名や登記されている外国の支社名）②本店（本社）の住所③設立日と登記した年月日④営業目的⑤現在の資本金と将来増資できる金額⑥役員の氏名（代表取締役については住所も）が記載されています。これだけですが、会社案内の住所に会社自体が存在しないこともたまにあります。会社が住所不定では「ヤバイ」と思いますよ。

それから、募集案内の業種とまったく関係ない営業目的があれば、裏で違う商売をしていて、入社後その部署に行かされるかも？　会社案内の社長と登記されている代表取締役名が違えば、「内紛」が起きているかも？

役員の名前に下線があれば、その人は退任したということです。再任されればその下に同じ名前があります。でも出ていなくて任期満了による「退任」ではなく、途中で「辞任」とか、辞めさせられた「解任」となっていれば、何か不正をしたか、内紛があったなどが考えられます。

私はキャリアカウンセラーとして転職の相談を受けた場合、よく知っている会社以外は会社謄本の他にも帝国バンクか東京商工リサーチへ調査を依頼されることをお薦めしています。募集情報や「面接」でいいことばかり言われても、それの確認と業績の推移、社長や会社としての総合評価を知るだけでも安心できるからです。

また、「会社四季報やデータバンクそれに会社謄本の見方！」なんてやたらと難しそうで……

とは考えないで、経営学部・商学部・法学部の友人や教授に聞いてみてください。彼女ら、彼らから「新しい会社の見方・研究の仕方などの情報」が得られるかも。何よりもそれこそ異なる学問をしている人々とのコミュニケーション力がつきますよ！　何事も面倒くさがらずに行動する！　自主的・能動的就職活動の必須条件です。

4　学校の就職支援室や各地のハローワークで相談する

自分で調べるのは面倒だ!!　と思う人、「地元の中小企業で光る会社で」と思う人は学校の「就職支援室」やハローワークへ出かけましょう。ヤング向けや転職向けの再就職情報などの情報や就職支援・転職支援もしてくれます。

万一、雇用条件が異なっていた、などの場合でもしっかりフォローしてくれますから安心です（「就職100％」が売り物の学校では、「どこでもいいから就職してよ」となることもありますが……）。

5　実地調査をする

面接日だけでなく、出勤時間帯や退社時間帯に目標とする会社の周りを歩いてみるのもいいでしょう。「明るさが売り物です」との売り言葉だったが社員の表情は暗いな……大丈夫かな？　昼食に出てくる社員の表情が死んでる！　やばいな……。

「残業は少ないと聞いたが……」夜9時になっても電気が消えない。10時に一斉に消えた!!

「電通」と同じで過労死を出して、労働基準監督署（労基）の査察が入ったから当分「自粛しているフリ」をしているのだな……等々、「化粧していない会社の姿」が見られるかも……。

6　業界の「フェア」や「ショー」を見学する

就活フェアや企業説明会だけではなく、就活している、狙っている会社が位置する業界が東京ビックサイト等で開催している「フェア」や「ショー」も見学しましょう。それも目的の会社のブースだけでなく、競合会社や外国の企業のブースもしっかりと。あなたがイメージしている業界のイメージを大きく変えるきっかけになるかもしれませんよ。地方の方は近隣の都市で開催しているかもしれませんからよく研究してください。

このとき、個人の名刺を持っていれば役立ちます。「これは！」と思った会社の担当者と名刺交換していろいろ「面接」では聞けない業界のこと、狙っている会社のこと、これからの展望などなど……を聞けます。次の面接で大いに役立つこと間違いないです。

私は個人的な興味から、名古屋地区で開催されるロボット展や産業機械展、メカトロテックジャパンなどの展示会には今も出かけています。日常とは異なるものが１０００円くらいで楽しめるのです。

●企業の社会貢献とは

今日では多くの企業では、企業説明会やホームページで、社会貢献活動や文化活動に参加していることを強調しています。社会的弱者の救済や文化育成などに携わることは、法人も社会の一員ですから当然のことであり重要なことだと思います。

遡れば1990年代の初め、経済界では1%《ワンパーセント》クラブなるものが設立され、可処分所得や経常利益の1%を社会貢献活動に寄付するという活動が始まりました。

先日も、ブラック企業として度々話題になった某衣料チェーン会社が、ニューヨーク近代美術館（ＭｏＭＡ：The Museum of Modern Art）の金曜夕方の入館料を無料にするプログラムのスポンサーとなっていることを報じる新聞記事がありましたが、企業の社会貢献活動の一環として、企業が芸術家の支援をしたり、普段芸術に無縁な市民とアートの交流を促す場を提供したりして、創造力を磨く機会を創出することは非常に大切なことだと思います。

しかしながら、その活動を企業イメージの向上や広告活動に使用するのは大いに疑問があります。とりわけブラック企業として社員を犠牲にし発展している企業がイメージチェンジに社会貢献活動を利用するとは論外のことです。それだけの余裕があるのなら、売れ残り商品を無理やり買わせたり、サービス残業をさせたり、名ばかり店長制度を廃止すべきではないでしょうか？

企業の最初にして最大の社会への貢献とは、まず自らの社員の地位と給与を保障し、社員が幸福感と満足感をもって働ける会社にすることであると思います。

就職活動中の学生さん、転職を考えている会社人さんには、「当社は社会貢献をしています。CSR（Corporate Social Responsibility）に力を入れています。環境に、社会にやさしい会社です」などの文章に惑わされず、本当の会社の姿や経営方針をシッカリ調査して頂きたいと思います。

●都市圏以外からの情報収集

いろいろ見てきましたが「それは大都市だからできるのです」と地方都市の学生さんや、会社人から言われそうです。住んでいるところ、学校のあるところによって情報ギャップはあるでしょうね。でも考えれば方法はあります。

まず、メカトロ展などの見本市ですが、福岡で、札幌で、岡山で、仙台で開催されるならそこまでバスを仕立ててはどうですか？　学部や学校を越えて募集すればいいのです。新しい仲間もできますし「異なる見方」も学べます。それを計画し実行するだけで面接時に「私の売り」になり、会社人となった後も役立つことは間違いありません。

また、アプローチしている会社のホームページには会社の歴史が載っています。その中で新規事業に参入、合併、新製品発売などの節目があります。なぜその時期なのか？　他の選択はなかったのか？　などなどを図書館が備えている新聞の縮刷版やマイクロフィルムで研究するのです。この方法は住んでいる場所に関係ありません。その時代の様子やその会社・業界のおかれた位置などがよくわかります。ネットではわからないこともわかってきます。

会社の歴史だけではなくその時代背景を知ることは大きな強みになると思います。

私は前述した自動車関連会社に就職するとき、「日本自動車工業会」にいろいろな資料をお願いし、また図書館を訪問し自動車産業の現状と将来、さらには自分が就職する会社の位置づけなど多方面から研究しました。結果判明したことは、対象の会社は大企業でも有名でもありませんでしたが、非常に優れた技術を持ち、ある分野では「世界一」ということでした。今までは車に関しては一ユーザーでしたが、こんどは製造側・提供側としての目を持つ必要性を考えたのです。もちろん、面接でも入社後にも非常に役立ったことは申すまでもありません。

千里の馬を伯楽は見逃さない

本当に必要な人財はいつも不足しています。仕事ができ会社や仕事に忠誠心があるが、社畜〔→第1章19ページ～・付録251ページ参照〕ではないあなたを、「ウチの会社」が放っておきますか。そのような無駄なことはいたしません。また万一、何かの間違いで、「ウチの会社」が「ヨソの会社」になるようなときも、心配はいりません。

「世に伯楽《はくらく》有りて、然る後に千里の馬あり」（韓愈『雑説』下）といいます。伯楽という人は、千里を駆ける名馬を見抜く目を持っておられたとか。このことから、伯楽のような人に出会わないと名馬でも埋もれてしまう、という意味でよく使われることわざです。

しかし、私は反対だと思います。「千里の馬ありて、然る後に伯楽あり」。社畜でない会社人、人材ではなく人財であるあなたなら、伯楽が発見しないはずがありません。そのような人財を活かさないのは、見抜けないのはもはや伯楽とはいえないのではないですか。

会社に入ればその仕事を愛し、仕事から愛される「会社人」となってください。そうすれば、あなたの伯楽は必ず現れます。自信と誇りを持って、いい「会社人」としていい「会社人生活」を送れるよう、研鑽を忘れないでください。この本はそのためのガイドブックなのです。

第3章

「ウチの会社」はもうかっていますか?

今まで見てきましたように会社とは、お金もうけをするために多くの人々がいろいろな形で参加する集団です。会社はもうけなくては、利益を上げなくては存続できません。存続しないと会社人も失業してしまいます。でもそのもうけは適切ですか？　会社のふところ具合は健全ですか？

利益が出ているかどうか、ウチの会社の「利益」や「財産状態」が正常で適切なものかどうかを知ることは、とても大事な会社人の常識です。

会社の「もうけ」と「ふところ具合」

「会社」とは、お金もうけを目的とした人の集まりでしたね。

ということは、もうけ（利益）が出なければ、何のために活動しているかわかりません。もちろん、金もうけのためなら何をしてもいいわけではありません。産地や賞味期限をごまかしたり、欠陥車を売ったり、社員をサービス残業や過労死させたり、違法派遣を使ったり、無理なリストラ【↓第4章141ページ〜参照】をしてもうけても、それは「利益」とはいえません。「搾取」や「犯罪」です。

会社の成長と繁栄、存続の源は「利益」です。会社は会社人（社員）という、取り替えがきかない貴重な人材を雇用しています。さらに、無限ではない地球上の資源を消費し、資本家が提供した資金を使い、国や県や市が税金を使って整備した道路や上下水道を使用しているのです。そうやって活動したにもかかわらず、利益が出ない、では困ります。それでは国民の義務である納税もできませんし、何より継続して仕事を提供できません。

プロローグの「会社の誕生」【↓2ページ〜参照】でも見ましたが、「大航海」の時代、船を造る資金は貴族が、会社の場合は創業時や増資の際に出資した株主が提供しました。でも船だけでは航海には出られませんよね。航海中の食料品・医薬品や船員たちの留守の間の家族の生活費、そして船の修理費も確保しておかなければ。

会社も同じです。株主の投資（資本金といいます）だけでは会社を運営できません。特に会社が成長しているときは必要とするお金も大きくなります。そのような場合は銀行や知り合い、ときには多くの市民からも借金をしてまかなうことになります。

利益をかせぐための活動資金をどのように調達してきて、その財産をどのように運用しているのか？　それを知るためには、一定期日の財政状態（ふところ具合）を掌握する必要があります。その書類を貸借対照表《たいしゃくたいしょうひょう》［↓76ページ〜参照］といいます。

そしてその航海の結果、会社では営業活動の結果、チャンと利益が出ているかどうかを明確にしなければ困ります。これが、一定期間の経営成績を表す（もうけ具合を明らかにする）書類で、損益計算書《そんえきけいさんしょ》［↓70ページ〜参照］といいます。

「一定期間」「一定期日」という言葉が出てきましたが、今日の会社は大航海時代とは異なり、永遠に継続することを前提に存在しています（前提にはしていますが、保証されているわけではないことは、倒産する会社があることでわかりますよね）。でも「永遠」では、現時点でもうけているのか損をしているのか、ふところ具合が健全か不健全か、サッパリわかりません。

ですから人間の年齢と同じように1年ごとに区切って検証することにしています。

ちょっと専門的になりますが、その1年の最初を期首《きしゅ》といい、最後を期末《きまつ》と呼びます。日本では4月1日から翌年3月31日が多いですが、いつを最初とするかは、人間の誕生日と同じですから、会社で決めることができます。1年間以内であれば、いつからいつまででも結構です。

それで、ふところ具合をみる貸借対照表は、一定期日（ある特定の日、つまり期末）のふところ具合を表しています。その瞬間を写真に撮ったような状態です。

一方、頑張り具合、もうけをみる損益計算書は一定期間（ある日から、ある日まで。つまり期首から期末まで）の頑張り具合を表しています。

言うなれば、あるときからあるときまでの動画・ビデオです。経過がわかります。

これらのルールは言葉が違っても、政治体制が異なっても世界共通です。だから「いい会社」か、「何がいいのか」を比較できるのです。実によくできていますよね。

会社の会計は、会社の行動・活動・その結果の権利や義務もすべて「貨幣価値」に換算します。貨幣価値に換算できないものは、認識も記録もされないのです。チョット味気ない気持ちもしますが、そうすることで「私見」「恣意」「忖度《そんたく》」などの「あやふやなもの」を排除しているのです。

●利益（もうけ具合）の計算方法とその見方

では、どうすれば「ウチの会社」が利益が出ているのか否かを知ることができるのでしょうか。利益の計算方法と、その見方を知るのは、会社人としてとても重要なことです。

収入－費用＝利益（または、期末純資産－期首純資産＝利益）

これが利益が出ているかどうかの算式です。逆に、

費用－収入＝損失（または、期首純資産－期末純資産＝損失）

これが損失の出ているときの算式です。費用（または期首純資産）の方が大きければ「当期純損失」となり、これが続くと会社の継続は困難になります。非常に簡単です。

これから会社の利益について詳しく説明していきます。会社の会計は（正式には企業会計といいますが、会社人の常識ですから会社会計ということにします）算数です。基本的には、＋と－それにときどき×と÷が必要なだけです。

では、まずもうけ具合が一発でわかる「損益計算書」を見てみましょう【↓次ページ例参照】。

この表は一定期間（ある日からある日までのことで、この場合は平成29年4年1日から30年3月31日までの間）の経営成績、つまりもうけ具合、頑張り具合を計算する表です。

結論から申しますと、この1年間で200万円の売上で、税金も払って残りの利益が15万円以上ですから、頑張っている、と言えますよね（15万円／200万円＝7・5％の利益率ですから）。

次に説明する、財政状態（財産状態と考えてください）を表す表（貸借対照表）と見比べて、気がついた方もおられると思いますが、表の形が違いますね。この頑張り具合を見る表は、何をどれだけ頑張ったのか？　の状態を見るために段階的になっているのです。

では、上から詳細を見てみましょう。

第３期損益計算書

社員ファースト株式会社

自平成29年４月１日至平成30年３月31日（単位：円）

売上高		**2,000,000**
売上原価	1,000,000	
売上総利益		**1,000,000**
販売及び一般管理費		**841,000**
給与	500,000	
広告宣伝費	80,000	
水道光熱費	70,000	
通信費	90,000	
運送料	80,000	
貸倒引当金繰入	10,000	
減価償却費	11,000	
営業利益		**159,000**
営業外収益		**5,200**
受取利息	200	
貸倒引当金戻入	5,000	
営業外費用		**4,000**
支払利息	4,000	
経常利益		**160,200**
税引前当期利益		**160,200**
法人税等	10,000	
当期純利益		**150,200**

・売上高は、読んで字のごとくこの期間に売った製品・商品の売上高の合計金額です。
・売上原価は、売り上げた製品・商品の原価（もとの値段）です。
・売上総利益は、売上高から売上原価を差し引いたものです。「ウチの会社」は付加価値の高いものを販売しているのですね。売り上げの半額ももうけがあります。
・販売及び一般管理費とは、スマホも作っただけでは売れません。売るためには、みなさんのように「会社人の給与」や広告も必要です。電話代や電気代も要ります。それらの費用の合計と明細を記載します。

チョット業績が悪くなると、リストラや残業カットをするのは、ここで見るとよくわかりますよね。人件費、つまりみなさんの給与は水道代や通信費と同じく経費なのです。給与を10万円カットすればもうけが10万円上がります。逆に20万円上げていれば、当期の利益がなくなり赤字（当期純損失）が出ていました。しかも、電気代やガス代はメーターに基づいて請求されますので、値引き交渉できません。また支払をやめたら明日からストップされ商売ができません。

ですから経営者は、損失が出るかも！　となったら給与カット・違法残業、運送料の値引きを強制的にするのです。それは経営能力・努力の問題を他に転嫁しているにすぎません。

・営業利益は、売上総利益から販売及び一般管理費を差し引いて求めます。読んで字のごとく「営業活動した結果の利益」です。損が出れば「営業損失」となります。

ここでチョット販売及び一般管理費の説明をしておきます。給与から運送料までは見た通りの費用ですから問題ないと思います。

「貸倒引当金」は、後に掲載する貸借対照表〔→76ページ～参照〕を一緒に見ていただくとよくわかりますが、売掛金や受取手形は、売った代金を現金で受け取れなかったものです。万一相手さまが倒産したら回収できません。ですから今までの経験上や相手さまの信用状態などを考えて回収できない損失を見積もって費用として差し引いておきます。チョットわかりにくいかもしれませんが、貸借対照表の売掛金や受取手形は今期売ったけれども現金で回収できなかったものです。ですから、それを将来現金で回収できない事態が発生しても、原因は今期にあります。回収できない期間に貸し倒れの損とすると不公平で経営成績（頑張り具合）が正確にはわかりません。ですから費用収益対応の原則といって、原因と結果を対比させておくのです。これもよくできていますよ。

「減価償却費」も貸借対照表を見れば納得がいくと思います。パソコンや机、または建物は使えば価値が減っていきます。その減った分の金額を費用とします。それが減価償却費なのです。1万1000円の内訳は器具備品分が5000円、建物分が6000円の合計です。減価償却累計額と合いませんが、貸借対照表の金額は「累計額」となっていて、器具・備品・建物を購入したときから今までの3期分の合計が表示されているからです。

- 営業外収益は、営業活動からのもうけではありませんが経常的に会社に入ってくるものです。預金の利息などですが、この低利時代ではわずかしかありませんね。

「貸倒引当金戻入」は、前期にも「これぐらいはヤバイかな」と思って貸倒引当金を計上したのですが全部回収できました。良かったですね。それで戻して収益となります。でも今期の営業活動で入ってきたのではないですよね。ですから営業外収益の欄に記入されます。

- 営業外費用とは、営業活動で出ていく費用ではありませんが会社が存在・活動していく上では必要な費用です。典型的なものとして借入金の利息を表示しておきました。
- 経常利益とは、営業利益に営業外の損益をプラス・マイナスした後の利益です。会社は営業活動のためには、借金をしたり預金をしたりしてその利息を受け取ったり払ったりを常にしています。それらの活動も含めて、利益が出たか損が出たかを見るのが「経常損益」のところです。「ウチの会社」は利益が出ていますから経常利益となっています。
- この例ではありませんが、経常損益の後に、何か特別なことがあれば「特別損益」という項目があります。みなさんの「ウチの会社」にはどのような特別なことがあったのかを損益計算書で調べてみてはいかがでしょうか。
- 税引前当期利益は「ウチの会社」は特別損益がありませんので経常利益と同額です。
- 法人税等とは、今までも見てきましたように、会社は法人でした。人ですからわれわれ人間と同じように、法人の所得税、県民税、市民税など納税の義務があります。

まだ支払ってはいませんが、先ほどの貸倒引当金と同様に、この期間のもうけに対して税金が課税されますので、この期間の本当のもうけ具合を知るためにはそのもうけから差し引くことが必要です。よってここで差し引きます。最後が当期純利益です。この期間の純粋なもうけです。頑張りましたね。

このように、「利益計算」を段階的に計算して表示すると、どのような行動でいくらもうけているのか、または損をしているかが明確になり、会社経営にはとても役に立つのです。

●貸借対照表

次ページの表は一定期日（ある日のことで、この場合は平成30年3月31日現在）の「ウチの会社」の財政状態、つまりふところ具合を表しています。

まず右側から見ますと会社運営に必要な資金をどのようにして調達した（集めてきた）かを表しています。上から説明しましょう。

「負債の部」とはいわば借金で、いつか返さなくてはならないもの、と考えてください。

- 買掛金は、材料を買ったのですがお金がなかったので掛けにしてもらいまだ支払っていない分です。払っていたらその分現金が減っていたでしょうから、借りてきたと同じ効果がありますよね。だから、資金を集めてきた側（表の右側）として考えます。

社員ファースト株式会社

第３期貸借対照表

平成30年３月31日現在（単位：円）

資産の部		金額	負債及資本の部	金額
Ⅰ **流動資産**		**870,200**	Ⅰ **流動負債**	**100,000**
現金・預金		280,200	買掛金	90,000
売掛金	200,000	196,000	未払法人税等	10,000
貸倒引当金	4,000			
受取手形	300,000	294,000	Ⅱ **固定負債**	**400,000**
貸倒引当金	6,000			
在庫品		100,000	長期借入金	400,000
Ⅱ **固定資産**		**950,000**	**負債合計**	**500,000**
有形固定資産		**817,000**		
器具備品	170,000	155,000	**資本金**	**1,000,000**
減価償却累計額	15,000			
建物	250,000	232,000	**法定準備金**	**50,000**
減価償却累計額	18,000	0		
土地		430,000	**剰余金**	**270,200**
無形固定資産		**50,000**	(内当期利益)	(150,200)
のれん		50,000		
投資等		**83,000**		
子会社株式		83,000	**資本金合計**	**1,320,200**
資産合計		**1,820,200**	**負債及資本合計**	**1,820,200**

・未払法人税等も、まだ支払っていないのですから買掛金と同様の効果があります。
・長期借入金は、会社を興したとき資本金だけでは足りませんでしたので銀行から5年後に返済する約束で借りました。

買掛金、未払法人税等、借入金はいつか支払いや返金しなければならない義務があります。「義務」も金額で換算しているのです。

次に資本の部ですが、これも集めてきたものですが負債とは異なり原則的（会社を精算や解散する場合などを除き）に返さなくていいものです。

・資本金は、最初会社を興したとき自分の金や友人から集めたものです。
・法定準備金は、もうけの一部を万一のために貯めておきなさい、と会社法で決められているものです。
・剰余金は、今までのもうけの積み重ねの金額です。そのうち当期（1年間の）のもうけが15万2００円ということです。
・資本金、法定準備金及び剰余金の合計額を「純資産」と言います。期首（この場合は平成29年4月1日現在）と期末（平成30年3月31日現在）とを比較すると期末純資産の方が15万2００円増えていることになっています。それが「内当期純利益」です。

次に左側ですが、右側で集めてきた資金をどのような資産に形を変えて運用、活用しているかを表しています。つまり「資産の部」とは、いわば財産と考えてください。

- 現金・預金はその名前の通りキャッシュや銀行預金です。
- 売掛金は、売りましたがまだ回収できていないものです。いつかは回収する権利があります。その権利を金額で表したものです。
- 受取手形は、販売した代金で現金では回収できませんでしたがいつ払います、との約束を紙に書いてくれたものです。口約束よりも確実といえますね。

貸倒引当金とは、損益計算書のところでも説明しましたが、次の受取手形と同様に、確実に現金で回収できる！　との保証はありません。ですから期末時点の残額から今までの経験上や顧客の信用状態から推定して「これぐらいはヤバイかも」という金額を用意しておきます。それが貸倒引当金で、リスク管理に必要なのです。

- 作ったスマホ全部が売れることはありません。在庫品は、次の商売用に倉庫に残してあるものと考えてください。または製造過程にあるスマホも含まれています。
- 器具・備品・建物・土地は、商売するには机・いす、工場やその敷地なども必要です。それらを、区分別に記録してあります。

減価償却累計額とは、損益計算書でも説明しましたが「形あるものはいつか崩れ、生あるものはいつか死す」です。備品・器具・建物は使っているとともに、また時間の経過とともに価値が減っていきます。ですからその分を購入した価格から差し引く必要があります。

パソコン、机、建物でも鉄筋か木造かによって、使える年数が違います。それを耐用年数《たいようねんすう》といいまして、法人税法で決められています。

ここで、損益計算書の減価償却費との金額に違いがあることに気がついた方は「すごい」です。そうです。貸借対照表では「累計額」となっていますね。一方損益計算書では減価償却費となっていました。そして金額も違います。

貸借対照表では、取得価格といって最初に買った金額をまず記載します。その下に今期分を含み今まで3期分減価償却した合計額を記載します。これによって、

①備品・設備や建物をいくらで買ったのか、そして今はいくらぐらいの価値があるのかが明確に解ります。

②それで買い替え時期が来たら、資金をいくら用意しなければならないかもわかるのです。

③損益計算書は、今期分のもうけ具合を計算しますので、今期分のみが費用として計上されています。そのため、金額が異なります。

•のれんは、とてもおもしろいものです。もちろん「酒場」にかけてある「のれん」とは違いますが、もとはそこからきています。社員ファースト株式会社は実は同じ名前の会社をそのまま買ってきたのです。なぜかというと、アメリカのトランプ大統領や小池東京都知

事のおかげで「○○ファースト」がとても有名になったからです。でも創業者が亡くなり引き継ぐ人がいなかったので私が最初会社を始めるとき会社をそのまま創業者一族たちから買ったのです。サイトウ株式会社の名前で始めるよりは世間向けもいいので。

その際会社の実際の価値（財産から借金を引いた金額）は100万円でしたが、「ブランド名」「社員の質」「ノウハウ」などを勘案して5万円上乗せしました。それが「のれん」なのです。

実はこの「のれん」はときにはいい加減に評価したものも含まれますので要注意です。最近では東芝やオリンパスが問題になっていましたよね。あなたの「ウチの会社」に「のれん」が計上されていれば本当に価値あるの？　と疑うことも必要かも？

- 投資等の子会社株式は、その名前の通り投資目的で長期間持っているものです。社員ファースト株式会社も海外向け専門子会社を持っています。

このように、右側で集めた資金を左側の各項目で運用していることを表にしたものが貸借対照表と言います。集めたものと、それを運用しているものを対比しているのですから当然左右は同額となります。

それから流動とか固定とかが出てきますが、「1年ルール」といって1年以内に現金に換えることができるものは「流動資産」とし、1年を超えるものや現金化を考えていないものは固定資産となります。

逆に1年以内に現金で返すものや現金が出ていくものは流動負債で、1年を超えるものは固定負債の欄に記入されています。

ところで、みなさんも「内部留保」（「社内留保」ともいう）［↓付録252ジペー参照］という言葉をこの頃よく聞き見かけると思います。これは剰余金のことで、過去のもうけを会社内に留保しているものです。その剰余金を「給与に回せ」などの意見がありますが、暴言以外の何物でもない！　大きな利益が出そうなら、貯めこむ前にその利益を給与に回すべき、賞与に充てるべきであり、過去にもうけて税金も払って将来のために貯めたものを給与にしろとは、論外の話です。それから、「ウチの会社」の場合は剰余金より現金預金が多いですから、無理すれば給与として払えますが、まず現金や預金がなければ払えませんよね。

●会社の「財政状態」ふところ具合の計算方法とその見方

損益計算書と貸借対照表を見ましたが、「さっぱり理解できません」では困りますので、野球を例に説明しておきましょう。

まず、損益計算書からです。

「ウチのチーム」もワールドシリーズ優勝を目指し全員頑張っていますよね。

で、1シリーズ（一定期間）の全部の得点が損益計算書の「売上高」です。売上原価と販売及び一般管理費はその得点をとるために直接必要だった、わがチームの失点数と、その原因と考えます。

営業外損益は、相手のミスによる得点や、わがチームのミスによる失点と考えます。税金はチョット無視して差し引き当期、このシーズンはもうけ、つまり通算勝点数（当期純利益）が出ました。良かったですね。

次に貸借対照表ですが、野球をして勝つためには、雨天練習場や新しい設備も必要です。将来のために良い選手をスカウトする資金も必要です。なければ銀行から借りなければなりません。これらの状態をシーズン最終日（一定期日）にまとめたのが貸借対照表です。

左側がその資金の出どころで、最初に出資した「資本金」と銀行からの「借金」です。

左はそれを何に使っているかの内訳です。スカウトのための預金とか、強化設備とか新しいグランドとかです。結果は、通算勝点数（当期純利益）が出ました。

野球と同じで、1シーズンの得点・失点数（損益計算書）は翌シーズンには繰り越しません。でも、預金・設備や借金・資本金（貸借対照表）は当然ながら翌期も引きついでいきます。この場合は勝ち点が多かったのでその分チームの価値が上がって繰り越します。

それから、損益計算書でみると、入ってきたものは、売上高２００万円＋営業外収益５２００円＝２００万５２００円。出ていったものは、売上原価１００万円＋販売及び一般管理費84万１０００円＋営業外費用４０００円＋法人税等１万円に当期純利益15万２００００円を加えると、合計が200万5200円。入ってきたものと一致します。これで、貸借対照表の左右と損益計算書の出入も一致することになり、検証ができるのです。うまくできているでしょう。ゴマカシはできませんね。

商品代金の請求と回収

「会社」はお金もうけを目的とした人の集まりです。ですから日々何らかの物を販売したり、サービス（役務の提供）をしたり、お金もうけの活動をしています。

一部の「現金のみ商店」ならそれほど複雑ではありません。商品を販売して現金で精算すれば商売は完結します。

でも、ほとんどの会社は現金商売ではありません。とりわけB to B（いや、韓国の人気グループではなくて、「会社」対「会社」の商売のことです）では、ほぼ100％が「かけ販売」です。

どこの会社の営業部門も「来期はいくらの目標」とか「今月は目標達成!!」と威勢がいいのですが、売っただけでは会社は成り立ちません。もうけが出ていても、現金がなければ倒産です。「勘定合って銭足らず」です。

代金を回収して、それも現金を手にして、初めて営業の仕事が完結します。ウチの会社の営業さん、おわかりいただけますか？

●商品代金の回収方法

では、代金回収の方法はどのようになっているかを見てみましょう。

代金回収の権利と支払義務

商品の販売やサービスをしたら、法律上はわざわざ請求しなくても、代金の回収の権利があります（みなさんも、ショッピングモールで買い物をした場合、わざわざ請求書を出さなくても自分から支払うでしょう、それと同じです）。

商売の基本的なルールは、売主（売った方）と買主（買った方）との間に、

- 支払い期日の取り決めがないときは、商品の引渡時に払う義務があります。
- 支払い期日の取り決めがあるときは、その支払日に払う義務があります。この場合、売った方は請求する必要はありませんし、特に決めていなければ買主が売主に現金を持参して払うのが原則です。

でも会社は継続して商売をしていますので現実は、例えば1カ月分をまとめて月末に請求書を発送し、翌月20日に銀行振り込みをしてもらうとかになっています。

売掛金

社員ファースト株式会社では、最先端のスマホを製造して販売しています。キボウデンキへほぼ毎日製品を出荷しています。そして毎月末に請求書を出して、翌月20日にはきちんと銀行に振り込んでくれています。ですから月末にはその月に販売した金額がまだ回収されていません。それが「売掛金」ということで、貸借対照表［↓76ジペー～参照］にありました。売掛金という現金で回収する権利も資産（財産）なのです。

小切手で回収

約束通りに20日に銀行に振り込んでくれればいいのですが、キボウデンキから25日に「違法残業がばれて、社員に今までの残業代を払ったので、チョット振り込みできませんでした」なんて電話があり、営業部長が集金に出向きました。

が店には大金を置いていませんし、また回収する方も現金を持って帰るのが不安です。そんなとき「小切手」という「紙」でもらってくると便利です。

小切手は裏に住所氏名を書いて銀行にもっていけば自分の口座にすぐ入金してくれます。

約束手形または電子記録債権で回収

社員ファーストの営業部長がキボウデンキへ売掛金の回収にいきましたが、「ゴメン今、現金も預金もないので来月末まで待ってくれる?」と言われました。

「あーそうですか」ではヤバイですよ。いくらキボウデンキさんでも。

そんなとき「約束手形」(または電子記録債権)をもらってくることを薦めます。

これは、キボウデンキが、

①いつ(今回の場合は翌月末に)

②いくらの金額を(今回の場合は20万円を)

③誰に(今回の場合は社員ファースト株式会社)

④どの銀行を通じて(自分の取引銀行で)

⑤支払う

ことを約束した、「紙」です。ただの口約束だけでは、来月末に集金にいったら「ゴメン、金ないのよ。来月にしてくれる?」なんていって、また支払いを延ばされることも考えられます。でも約束手形でもらってくれれば安心です。

なぜなら読んで字のごとく、約束の日に支払いをしなければ、「不渡り手形」の記録が全国の(銀行)金融機関に報告され、6カ月以内に2回「不渡り」が発生すれば、銀行との取引ができなくなるからです。そうすると「倒産」がそこまで来ています。

ですから、当然ながら「口約束」に比較して売掛金の回収可能性が１００％に近くなります。約束手形は誓約書みたいなもの、と考えれば納得いただけると思います。

また「電子記録債権」も全く同じ役目を果たしますが、こちらは手形や小切手の「紙」とは異なり電子的記録によって処理されます。約束手形は、
①収入印紙を貼らねばなりません。
②紙ですので保管しなければなりません。紛失や汚れの危険性もあります。
「約束手形」は、外国ではほとんど使用されていません。日本でも、十年くらい前までは主流でしたが、今日ではその地位を電子記録債権が占めつつあります。ＩＴ時代の流れです。

●約束手形（電子記録債権）の有益でおもしろい使い方

約束手形は「口約束」よりは確実と申し上げましたが、約束された日まで現金にならないことに変わりありません。

でもその間にも、会社人の給与や電車賃などの支払いには現金が必要です。

そこで出てくるのが「約束手形の割引」です。これは、支払期日前に約束手形を自分の取引銀行に買ってもらうのです。銀行はもちろん、額面（約束手形に記載された金額）では買ってくれま

せん。いくらかの割引料金（現金にすることをお願いした日から、支払期日までの日数分の利息）を引いて現金に換えてくれます。

これを「約束手形の割引」と言います。

利息分を払えば、直ちに現金となるのです。ただの「口約束」だと、いくら利息を払うといってもこのような現金に変えることは不可能ですね。口約束を紙にしたものだから「約束手形」と言います。

もう一つ有益でおもしろい使い方があります。

例えば、社員ファースト株式会社が、20万円の製品代金としてキボウデンキから約束手形（または電子記録債権）を受け取ったとします。そして、こんどはスマホを作る材料を他のA会社から仕入れ（買い入れ）ましたが、手元に現金がありません。

そのようなとき、「裏書譲渡《うらがきじょうと》」といって、キボウデンキから受けとっていた約束手形（または電子記録債権）で支払うことができるのです。手形の裏に誰が、誰に譲るかを記録しますので「裏書」といいます。電子記録債権も同じように電磁的記録で譲渡します。便利にできていますよね、そう思いませんか？

これを私は「信用の創造」と言っています。

「現金商売でないとダメ！」と言っていると、現金を持っている会社や人にしか商売ができませんね。でも小切手や約束手形・電子記録債権を使うことで、今日手元に現金がなくても商売ができ、それだけ売り上げも増え、もうけも当然ながら増えることになります。

約束手形を例に申しますと、

❶キボウデンキ↓社員ファーストへ20万円の約束手形で支払い
❷社員ファースト↓A社へ材料代金をキボウデンキの約束手形を裏書きして支払い
❸A社↓B社へ派遣社員の派遣料として、キボウデンキの約束手形を裏書して支払い
❹B社↓C社へ中古車購入代金として、キボウデンキの約束手形を裏書して支払い

というように、20万円の約束手形が4回、合計80万円の仕事をすることになります。

「現金でないとダメ」であればキボウデンキ、社員ファースト、A社、B社、C社の5社とも商売ができなかったことになります。

しかも、「口約束」というあやふやなものではなく、期日がくれば確実に現金となることを前提とした「銀行を含む関係者の信頼で成り立っているルール」が保証しています。

商売をする会社・人々がお互いを信頼し、現金でなくても「紙きれや電子記録」を信頼し、商売を拡張し利益、もうけを増やすことができるのです。

だから私は「信用の創造」と呼んでいます。

約束手形は、みなさんの個人生活で言えばクレジットカードですかね。「カードでいいですよ」でお店は商売できて、みなさんも現金がなくても欲しいものが手に入ります。小切手帳や手形帳は銀行で「当座預金」を開設すれば売ってくれますし、電子決済債権は銀行を通じて処理します。

「手形」の原型はイタリアのヴェネツィア（ヴェニス）の商人の間でのやり取りが発祥といわれていますが、日本でも、鎌倉時代から大阪商人の間では「証文」というものを利用して「かけ取引」をしていたようです。人間の考えることは洋の東西を問わず同じですよね。

●手形のヤバイ使い方

ここまで見てきたように「約束手形」や「電子記録債権」は非常に便利なものです。「悪者は知恵者」でもあります。

悪い人がその「便利」を悪用することを考えつきました。それが「融通手形《ゆうずうてがた》」略して「融手」です。これはとても怖い手形です。

約束手形とは、見てきたように商品を購入したりサービスを受けたりした場合、その代金の支払いに充てるため発行し受け取っていましたね。対象となる商取引や債務がちゃんとありましたね。でも融通手形は、商取引の実態が全くないのに現金を得るためにだけの目的で発行される、非常に危険なものです。

たとえば、キボウデンキで違法残業がばれて、裁判所から残業代100万円の支払命令が来たとしましょう。でも現金も預金もゼロ！　銀行も「そんなブラック企業には貸せません」と言われ借金もできません。

さーどうしようかな……、困ったな……。

そこで、取引はまったくありませんが、友人が社長をしている、株式会社超ブラック電器にお願いして100万円の約束手形を発行してもらうことにしました。当然ながら相手さんも不安でしょうから、キボウデンキも同じ期日に100万円が現金化される約束手形を相手様にもっていき交換します。

キボウデンキは超ブラック電器の約束手形を銀行で割り引いて、現金99万9800円を手に入れて、違法残業代を支払いました。

一方の超ブラック電器もこれはいいチャンスとばかりに、キボウデンキの約束手形を銀行で割引き、現金を手に入れ社長がさっそく銀座へ遊びに出かけました。

両社には製品のやり取りが、商売の実態が全くありませんでした。まさに「無から有を引き出す」錬金術です。それも悪魔の錬金術です。

今回は取引が全くない者同士でしたが、取引があっても実際の金額より大きな金額にして、お互いの資金繰りを助けるために使われることもあります。麻薬と一緒で一度やるとやめられません。しかもだんだんと金額が増えていきます。本当に恐ろしいことです。

このようになる前に社長さんはなんらかの手を打たなければ、後は「ナニワの金融道」などの高金利の街金の門をたたくことになり、そのうちに倒産、自己破産となります。

あなたが狙っている「目標の会社」すでに会社人のあなた「ウチの会社」は大丈夫でしょうか？

●ブラック企業のもうけ具合

ブラック企業のもうけ具合を損益計算書［↓70ジペー～参照］から見抜く方法を考えてみましょう。

会社人の「給与」は費用です

だから安い方がそれだけ利益が出ます。

損益計算書をみると給与、つまりみなさんへの支払いは費用の欄にありますよね。そうなんです。会社人への給与は水道光熱費や通信費と同じくもうけが減る費用なのです。

ですから、「当社では人材は人財と考え人への投資をしています」。なんてなことを面接時言った社長さんでも「あっ、今期は赤字だ」となれば、最初にどうするか？ というと、給与カットです。

電気代や電話代は、払わなければ止められ明日から使えません。でも会社人の給与を少し削っても「辞めることはないだろう」と考えるのが現実です。それで残業代カット、違法残業、給与カット、最悪の場合はリストラで、トランプ米大統領の売り言葉である「You are fired!（君はクビだ！）」となります。

給与全体を社員数で割って一人当たりの給与を出してみて、面接時の話と矛盾がないか確認してください。

その際は、金融業と製造業では、働き方や平均残業時間も違いますので、業種別や同業他社との比較をしてみるとよくわかります。

一人当たりの売上高をみます

有名衣料販売会社などは非常に高いのですが、そのことは決して「いい会社」とはいえませんよ。入社3カ月で店長になれて、残業代も出ない、では人件費は低いが、一人当たりの売上高は高くなり、利益も出ます。でも中で働く会社人は「ウチの会社はいい会社」とは思っていないかも？

これも他の会社と比較してみればわかります。

売上原価が異常に低いのは問題です

同業他社に比べて売上原価が低いのは「生産性が高い」、つまり安くていい人材がそろっているとも言えます。でもいいことばかりとはいえませんよ。

南アジアやアフリカで問題になっている、チャイルドレイバー（child labor　児童労働）やスウェット・ショップ（搾取工場）、低賃金労働、長時間労働で安くなっているのかもしれません。

私も南アジア各地で嫌というほど見てきました。

NGOのホームページもチェックしましょう

私自身が長年「難民の子どもたちを支援する」NGOの代表をしていましたので、これらの問題には敏感で、取締役を務めていたときも、また現在でも顧問先の工場は海外も含め必ず実地に調査し、違法や不公平がないかチェックしています。

就職活動（就活）中の学生さんにもフェアトレードや人権問題に取り組んでいるNGO・NPOで自分が入社を考えている会社のチェックをお願いしたいものです。

利益が異常に高い、または低いのも要注意です

毎年「ブラック企業大賞」に輝く企業の当期利益を、同業他社のものと比較してみてください。

利益が多くて給与も高いから「いい会社」なんていっていますと、入社後に大いなる後悔をすることになります。

これらの数値や比較する会社などは、「会社四季報」や「就職四季報」〔↓第2章57ページ〜参照〕を使って調べることができます。親や就職相談室に頼むばかりではなく、自分で調査することで今まで見えていなかったことが見えてくるかもしれません。入社後は「ウチの会社」になるのですから。

それも、目標とする会社と同業他社との比較は、1期（1年間）ではなく3期、できれば5期を比較・調査することです。

中小企業の現実を知る

日本には個人事業も含め約400万社の企業・会社があり、業種によって異なりますが、その99・6%が資本金3億円未満から5000万円未満の中小企業です。それ以上の大企業は140万社で、そのうち上場企業は2017年9月末でわずか3566社です。日本全体の労働者は、約6500万人で、そのうち公務員は約300万人、農林業で約315万人。医療・福祉関係者は32万人。残り約５８５０万人は会社人といっていいかもしれません。

でも、医療機関で働く人も公務員も給与所得者ですから、「労働を提供して賃金を受け取る労働者」つまり会社人に間違いありません。ですから約６２００万人が会社人で、そのうち中小の企業で働く人が大半と言ってもいいのではないでしょうか？

ちなみに、その６２００万人の約４割が非正規、つまりパート、アルバイト、派遣労働者などで、正社員ではないのが現状です。

●日本を支える中小企業

日本には北九州、鯖江、諏訪、浜松、大田区、東大阪、燕三条などに、非常に技術の高い中小企業が集まっています。またこれら以外でも日本中どこにも、大企業はもちろんのこと世界中どこを探しても「この技術は」「この製品は」「このサービスは」この会社でしかできません。という会社があふれています。

シリコンバレーだけではないのです。スティーブ・ジョブス、マーク・ザッカーバーグ、ビル・ゲイツが山ほどいます。彼らほど有名ではないだけです。

ホンダもパナソニックも最初は家族・仲間で始めた会社だったのです。

そして、大企業も多くはこれらの中小企業によって支えられているのです。自動車や航空機の部品が一番いい例です。2~3万といわれる自動車、300万以上といわれる航空機の部品の多くはこれらの中小企業が開発し生産を受け持っています。また、その組み立て工程に使われる設備関係も中小企業が支えています。

さらには、先ほど見たように日本の会社人の大半が中小企業で働きその生活を支え、人生を送っているのです。かつ日本の大企業を支え国境を越え多くの市民生活に貢献しているのです。ただ規模が大きいことのみが貴いわけではありません。

●中小企業は厳しいのか?

国税局のデータでは、会社の7割が赤字で、そのほとんどは中小企業といわれています。先ほど見たように日本の産業を支えている中小企業ですが、多くは厳しい状態にあることも事実です。なお赤字とは、売り上げから、その売り上げを上げるために使った費用の方が大きくて当期純損失が出ていることをいいます。

その原因は、経営者の努力不足もあるでしょうが、注文先が適切な価格で発注してくれない、インドなどの発展途上国との価格競争に勝てない、いい人材が来なくて競争力のある製品・商品が開発できない、新市場に出たいが資金を銀行が貸してくれない、などなど、外的要因が多くを占めています。

今は赤字でも独自の技術を持っている、ユニークなノウハウを積み重ねてきた、全員で学び常に挑戦し続けている、などの会社は、新しい観点や設備が参加・導入されることで大きく飛躍するチャンスも決して小さくはありません。日本政府も日本の産業を支える中小企業をいろいろな政策で支援しており、そのために中小企業庁という役所まで存在するのです。みなさんも中小企業を冷静な目で判断していただきたいと思います。坂本光司氏の著書『日本でいちばん大切にしたい会社 1~5』（あさ出版、2008~2016年）のシリーズを読んでみてください。多くの輝く中小企業が出て参ります。今はあなたが名前も聞いたことがない会社でも、あなたが入社することで、あなたがヤル気を出すことで、あなたが新しいことに挑戦することで「ウチの会社」も飛躍的に伸び、明日はホンダのようになるかもしれません。

●中小企業の経営者と連帯保証

今まで見てきたように、会社は永続することを前提としていて、そのためには常に新しい設備や新市場に出て行くことが必要です。その資金が会社に現金や預金としてあればいいですが、現状の中小企業ではあまりそのような余裕はありません。ではどうするのでしょうか。

銀行から借りる以外にありません。このようなとき、会社は法人名、例えば「社員ファースト株式会社」で借り入れます。その際、社長が連帯保証人にならないとダメです。これは、もしも会社が返済できない場合は社長個人が代わって返します、返せなければ自宅も売ります、ということです。社長は非常に大きな責任を負い、命がけで会社を経営しているとも言えます。

上場企業や大企業または外国ではあまり見られない形式で、日本では昔から慣習としてあるのです。ですから中小企業の経営者つまり会長や社長は「会社は自分だけのもの」と考え公私の境目がわからなくなる人もいます。

最近では、民法を改正して連帯保証人の責任を軽減しようとの動きもありますが、少なくとも本書執筆中にはそうした制度は成立していません。

ただし、政府が中小企業を育成するために用意された資金を借りる場合には、原則として社長に連帯保証人を求めることはありません、念のため。

粉飾のやり方とその罪

最近では東芝、ちょっと前にはオリンパス。いやこの本を書いている今日も日本の、世界のどこかで、「ウチの会社」の本当の姿よりも「チョットでもよく見せるため」、無能な経営者が自社の財務諸表（損益計算書【↓70ページ〜参照】や賃借対照表【↓76ページ〜参照】などです）に粉をふりかけ飾りをつけてごまかしていますよ。

昔から財務諸表は経営者の通信簿といわれます。特に上場企業では業績次第で株価が上下しますので、トップになった経営者は自分の任期中には株価を下げたくない、自分のトップ時代には株価を上げて後は「院政を」とか「なんとか天皇」と言われたい、とのプレッシャーや欲望で粉《ふん》飾《しょく》の魅惑に負けてしまうのです。

ただし、中小企業が「赤字決算」だと、銀行からお金を借りることは非常に困難です。金融庁の検査でも問題になります。ですからしかたなくもうかっているようにして、銀行の融資を受けやすくすることがあります。以前この粉飾を指導した税理士や経営者が詐欺罪で逮捕された事実もあります。

それで会社がつぶれ、経営者はもちろんのこと、会社人も取引先も、多くの人々が路頭に迷うことになりました。粉飾は当然悪いことですが、日本の産業を支える中小企業の苦しい現状と、それらの企業が生き残ることによるメリットを考えると、スッパと切ってしまえないのが苦しいところです。

みなさんの「ウチの会社」は大丈夫ですか？　粉飾の典型的な手口を見てみましょう。

●売り上げをかさ上げする

典型的でもっとも簡単で誰でも思いつく手法です。

先ほど見ました損益計算書と貸借対照表を使って「売上を架空計上しての粉飾」をしてみます。

①架空売上高を10万円乗せして、その分は売掛金とします（当然ですよね。架空の売り上げですから現金などは入ってきませんもの）。

②そうすれば、損益計算書では売上高が10万円増え210万円に。貸借対照表では、売掛金が20万円から30万円に。両方の当期純利益が15万200円から25万200円になります。それぞれ10万円利益が増額します。

●在庫品の価格を上げる

これもよく使われる初歩的な手法です。流行遅れで売れなくなっている製品・商品を「まともな在庫品」としてかさ上げして評価する方法です。

①在庫品を5万円かさ上げします。

②すると、貸借対照表の在庫品が10万円から15万円になり、損益計算書の売上原価が100万円から95万円に下がり、結果はどちらの当期純利益も5万円増えることになります。

●費用を過少計上または計上しない

これは発生している費用の全部か一部をなかったことにする手口です。

例えば、減価償却費とは建物など時間の経過や使用することで価値が減るものを、その減った部分を費用として計上せずもうけを増やす方法です。

器具備品や建物の減価償却費を今期は半分だけしか計上しなかったとしましょう。

すると、備品分が2500円、建物分が3000円、合計5500円だけが減価償却費として損益計算書に記載され、法人税等は変わらないとしますと、当期純利益は15万200円から5500円上がって15万5700円となります。

また、貸借対照表でも、器具備品と建物の減価償却累計額が、それぞれ2500円と3000円減って、1万2500円と1万5000円になり、結果として器具備品の現在価格が15万7500円と、23万5000円となり、やはり当期純利益が15万5700円に上がります。

これでは「ウチの会社」の本当の姿がわからなくなります。

●土地の一部を「現在」価格で「売ったことに」して利益を出す

これもよく使われますが、土地の謄本をあげればバレますねー。

①土地は「取得原価主義」といって買ったときの価格で貸借対照表に記入しなければなりません。なぜならその土地は不動産屋の「売り物」ではなく事務所や工場に必要だから持っているものだからです（売り物でない土地は値上がりしても買ったときの価格のままとすることを覚えておきましょう）。ですから古い会社の土地は今売れば何倍、何十倍、何百倍の値段がつきます。会社自体はどうでもよくて、その土地の価値のみを狙って会社買収を仕掛ける「ハゲタカ」や「クロワシ」ファンドも出てくるわけです。

それで、土地の一部である購入価格3万円部分を時価の25万円で子会社に売ったことにします。子会社にするのは、誰にも知られず使えるからで、他人に売れば買い戻しが大変だからです。わかりますよね。

②すると、貸借対照表の土地は3万円減って40万円になりますが、本当に売っていませんから現金は入ってきませんので「未収金」（製品を掛けで売ったときは売掛金ですが、それ以外の掛けは未収金を使います）として25万円が新たに追加されます。とともに、損益計算書に「特別利益」として25万円が記入されます。

結果、貸借対照表も損益計算書も「当期純利益」は25万円増えて40万200円となります。なんと恐ろしいことではないですか。

●適当に「のれん」を計上する

東芝がやっていた手口ですね。

「社員ファースト株式会社」をサイトウが買いました、と貸借対照表のところで説明しましたが、本当にその価値が5万円かどうかの判定が難しいのが「のれん」です。東芝でも公認会計士によって、その意見が大きく分かれその結果決算書の提出が遅れました。

①「のれん」を20万円にかさ上げします。

②すると、貸借対照表の「のれん」は5万円から20万円となり、損益計算書には特別利益として15万円記入します。結果はどちらの「当期純利益」も30万２００円となります。

ここまで見てきて、「いい加減だなー。でも単純だなー」と思われるでしょう?

そうです。単純で簡単です。でも、粉飾しているかどうか?　やどうやって粉飾しているか?は、「ウチの会社」の中にいないと全くわかりません。会社の法的持ち主といわれている株主様でも決算書や各種帳面や記録を調査してもわかりません。

架空の売上か?　在庫評価は適切か?　土地を本当に売ったか?　のれんを過剰に計上していないか?　などは帳簿や記録をじっくり時間をかけて調査、それも実行した本人たちから聞き取り調査しなければ真偽はわかりません。ですから、「ウチの会社」の「会社人」であるあなたが、何か変だなーと思ったら仲間に、先輩に、恩師に、公認会計士に、弁護士に相談してくださいよ。

つぶれる前に！

第4章

「入社」と人事のエトセトラ

　会社にはいろいろなルールがあります。就職活動中の会社や「ウチの会社」にはおかしなルールがありませんか？「なんか変だな」「ウチの会社、異常じゃない？」「これっておかしいな」――。「ウチの会社」や目標としている会社で、自分だけでなく友人・仲間が変な状態に出合ったら、迷わずこの本の最後に掲載されている「日本労働弁護団」へ電話してください。費用は電話代だけです。おかしいことをおかしいと感じる意識、おかしいと思ったら相談する勇気をもって、「ウチの会社」「私の仕事」を好きになってください。

「内々定」「内定」そして「採用」

就職活動（就活）にもようやく慣れてきました。

「慣れてはいませんよ！　まだ1社も内定取れていないのですから！」

それはすみません。もう少し頑張ってください。

その内々定、内定そして採用について、これからチョット法的な側面も入れて現実的な説明をしておきましょう。

これらを知ることで、不当な扱いを受けた場合の対応を理解し、逆にあなたが不当・不法行為をして誰かに迷惑をかけることがないようにいたしましょう。

●「採用の自由」という会社の聖域

まず最初に、就活中のみなさんには非常に厳しい事実を知ってもらいましょう。

「わが社はイケジョ・イケメンが採用基準でーす」

「当社の女性社員は全員、ＡＫＢ48やモーニング娘。が基準でーす」

「わが社の社長はゾロアスター教の信者ですので……君、信者になれる？　ダメ？　じゃー見込みなしだね」

「ウチの社長は○△大統領が大好きですが、貴方は？　嫌い！　では難しいですね」

面接で、こんなアホなことを言われたことはないですか？

ない！　それはよかったです。でもここまで言わなくても、頭の中では「なんか暗いな、可愛くないなー、顔がもっとシャキッとしていればなー」「○△嫌いかー、わかるけれど社長が……」などと思っていますよ、きっと。口にしないだけで。

こんなのはまだ可愛い方ですよ。

①あなたは共産党員ですか？　はい・いいえ。

②あなたは共産党のシンパですか？　はい・いいえ。

③あなたは共産党主催の会合に参加したことありますか？　はい・いいえ。

と聞かれるか、質問用紙で該当するところに○をつけなさい、と求められたことなどは……ないとは思いますが。ちなみに、この①〜③の質問は、私がアメリカに留学した1971年、最初の入国場所サンフランシスコ国際空港の入国審査で実際に書かされた質問です。アメリカを「自由と民主主義の国」と思っていた私は大いに驚きました。時代は冷戦時代で、またベトナム戦争真っ最中でしたからしかたないかな？　もちろん、今はこんなことはありません。いや、トランプ米大統領なら復活させるかも？

または「あなたは反米デモや反政府デモに参加していましたか？」「あなたは労働組合活動をどう思いますか？」などと聞かれるかも。

えーそれって「国民はすべて法の下に平等であり思想信条の自由がある」とする憲法に違反するのではないですか？ と疑問に思われますよね。

その通り！ それは憲法違反で許されません、とは言い切れないのです。残念ながら！最高裁の判決では合法であると言っているのです。

その判決を簡単にいいますと「どのような大きな会社でも私人（一個の個人）ですから、当然ながら私人としての契約締結の自由があります。自分の事業・営業活動のためにどのような人を雇用するか、しないか、またどのような条件で雇用するかについて、さらに雇用を希望する人の思想・信条を知るために調査しまたは申告させるのも、法律やその他による特別な制限がない限りは、原則として自由にこれを決定することができますよ」というものです（三菱樹脂事件。1973年12月最高裁判決）。

人間でいえば誰を好きになり誰と誰が結婚するか、しないかはどこからも文句の出しようがないでしょう。それから、その相手がどのような思想や信条をもっているかによって、結婚するか、しないかを決めても自由です。そのために相手の後をつけていってどこかの宗教施設に入るかどうかを調査しても、そのやり方が法令に違反しない限り、何ら問題ないです、と言っています。

会社の面接もそれと同じですよ、ということです。

また、この判決が出た頃の日本では、入社イコール終身雇用が前提でしたので、一度雇用したらよほどのことがない限り「クビ」にはできないのだから、雇用時だけでも自由に選択させてやろうではないか。と裁判官も考えたのでしょうかね。

非定期雇用者が増大した今なら、訴えれば違った判決が出るかもしれませんが、この本を書いている時点では「それはダメだ」との判決は出ていません。

それともう一つといいますと、面接で

面接官「お母さん（またはお父さん）のお仕事は？　どこにお勤めでしょうか？」
学生さん「えー母ですか？　入社したいのは私で、母とは関係ないと思いますが……」
面接官「それはそうですが……お父さんお母さんが勤めている会社が当社の競争相手かもしれませんし……またはお母さんの会社が当社の大事なお得意先かも……」
学生さん「なによーそれってバカじゃないのー、そんなことある？　やめたー」
となるかも。そうですよね、これも違反臭いですが、面接で両親の職業を聞くのは違反であるとの判決もまだ出ていません。

だから面接で、アホ・バカみたいなことや思想・信条の自由を侵すようなことを言われても、また聞かれても仕方ないといえば仕方ないのです。

でも、法的に違反ではないからといって、このようなことを面接で聞く、調査する会社は、ブログなどで「あの会社、アホみたいなこと面接で聞くよ！」とか「この会社、入社すれば過労死やパワハラ（パワーハラスメント）・セクハラ（セクシュアルハラスメント）【→第5章159ジペー～参照】が待っているよ！　やめときな！」と書き込んでもいいでしょう。あるいは「炎上」するかも！

いや、むしろさせなければ……ならない、と思いますよ。

もし、このような質問が面接で出たり、作文で書かされたりすれば「就職支援室」にしっかり報告し、記録に残し、かつ勧告してもらってください。

それから後で説明しますが、これらは「面接時」つまり入社前の話ですから、念のため。

すでに入社して「会社人」であるあなたに対して、これらの理由で給与や昇進や転勤などに差別があれば、当然ながら違法です。すでに会社人のあなた、ご安心ください。

●「聖域」の例外

「例外のない原則はない」

これも法律の基本的な考えです。ですから「採用の自由」の原則にも当然ながら例外があります。そしてそれは年々拡大されてきています、ありがたいことに。

「男女雇用機会均等法」

性別による差別的募集や採用、そして雇用後の差別待遇もこの法律で禁止されています。今日では「男の職場」といわれていた建築現場、クレーン操作、大工等々、多くの女性が活躍されています。国会議員や会社経営者の分野への女性進出が今の日本では一番遅れていると思います。

「札幌で一番おしゃれな『赤れんがテラス』の女性しかいない美容院ですが、女子のみ募集ってだめですか?」うーん、違法ですが……。

例外として認められるのは、映画、舞台、ドラマなどの女役に「女性のみ」との募集や、夜間危険地域での警備に「男性のみ」などです。当然といえば当然ですが。

私が42歳で取締役に就任した会社は、生産販売している商品のほとんどが女性向けでした。でも女性の役員が1人もいませんでした。そこで私は役員会で、その必要性と有効性を訴え続け、ある年ようやく女性取締役が誕生しました。1990年代の初めで、その頃の名古屋商工会議所所属で家族経営以外の会社では初めてでした。会議所から「記者会見してほしい、そうすればもっと女性登用が増える」といわれました。でも社長は「記者会見するために役員にしたのではない」と主張し、会見は実現せず。胆が小さいなーと思いました。ちなみに、このとき取締役になった女性はその後起業されて、会社は大きく伸びています。

「雇用対策法」による年齢制限の禁止

転職を考えている人は「急募、40歳まで」などの募集をみて、「あーダメか」と思わないように。この募集自体が違反なのです。すべての人に均等にチャンスを与えなければならないのです。

「私は来年で75歳ですが、まだまだ若い者には負けんよ、社長として頑張るから」……このような「老害」は別として。

「風俗嬢ギャル系が売り物ですので……25歳までですが」

「そんなこと言わずに、私50ですがまだいけますよ」

これはちょっとわかりません。

特例として認められるのは、

イ、当社の定年が65歳ですので、60歳以下

ロ、未成年者は違法な仕事ですので、20歳以上

ハ、60歳以上の経験者で資格者のみ

などですかね。

「障碍者雇用促進法」による障がい者への差別禁止

先ほどみたように、会社は「私人」と位置づけられていますが、多くの人を雇用し、多くのお客様で成り立っている社会的な面もあります。ですからどの社会、国にも一定割合で存在する「何らかの障がいをもつ人」のために、それらの人々が「かわいそうだから支援しなければ」だけではなく、自ら働き、自らを養う、という人間としての誇りをもてるように、会社はその環境を整え、会社人数の一定割合を雇用する責務を負っています。資生堂、オムロン、TOHOシネマズなどは毎年雇用ランキングの上位を占めています。また、製造現場でもホンダでは随分前から、ろうあ者が組立ラインで働ける工夫をしています。またそのラインも人間が腰を屈めたり伸ばしたりしなくてもいいように、車いすの方でも働けるよう、人間工学を研究して高さやスピードを調整したりしています。これらの会社は、こうした環境整備によるコストアップやスピードダウンよりも「社会的責任」の方を重要視しているのです。私は何度も工場見学していますが、同じ人間として嬉しくなります。株主もそれを理解し応援している、と思います。

性的少数派への差別禁止

LGBT（Lesbian,Gay,Bisexual,Transgender）のことです。性的少数者とも言います。

日本では同性愛が違法だったことはありませんが、世界ではキリスト教の影響で長年違法だった、また今も差別のある国々もあります。

でも現在ではこれらの性的少数者に対しては、教育の場やマスコミを通じて、理解と差別しないよう啓蒙活動が進んでいます。しかし日本の職場では残念ながら遅れている、というのが現状です。でも今後は多様化社会で変わっていくでしょうし、変わっていくことを祈ります。


就活中の学生さん、すでに会社人のあなた、転職を考えているあなた。

ご自分が女性でも男性でも。若くてもチョット高齢でも。何らかの障がいがあってもなくても、性的少数者でもそうでなくても。

あなたが目標としている「ウチの会社」は、これらの人も差別せず公平ですか？ 社会的責任をしっかり果たしていますか。ちゃんとチェックすべきですよ。今のあなたにとっては「なんの問題も」なくても、将来何かの問題が発生したとき「ウチの会社」が冷たい態度をとる可能性も考えられますから。集団面接で会社側から何らかの差別的発言や態度があったとき、それがあなたに直接関係なくても「この会社はこのようなことに差別を持っている会社だ」としっかり覚えておかないと、次は自分への差別となるかもしれませんよ。


ここで私の経験を申し上げます。

名古屋での最初の会社でのことです。工場がある地域のハローワークから軽い自閉症の方の紹介を受けました。それで各工程を1日ずつ経験していただき最適な部署をみつけました。それが他の人より丁寧で早いのです。部署長も他の人も最初は戸惑っていましたがその人の笑顔を見てみなさんも幸せになりました。

また次の会社では、設計部門や管理部門のレイアウトを変更し車イスの方々の雇用を促進しました。すると繁忙期でも職場から「とげとげしい、イライラ感」が消えました。

異質と考えるか多様性と考えるかの違いです。明るくて元気のいい会社は「のりしろ」が大きいのです。会社もですがみなさんも多様性を大事にしていただきたいものです。学ぶことが多いですよ。あなたの人生も豊かになることは間違いありません。

●内々定とは?

スマホ売り場で、お客が「これいいな……いやあっちの方がいいな……それとも先ほどみたのがいいかな……」と迷っています。スマホは「優柔不断だな……この客。何が欲しいのか？　どの機能が必要か？　どの色が好きか？　自分の好き嫌いもわからんのかいな？」などと思っているかもしれません。

残念ながら、これが今の日本の会社の現状でしょうか。採用計画を立てた時点で、どの部署が、どのような才能・知識を持っている人を、何人くらい必要か。そして事業計画にそって向こう5

年、10年、20年の年齢構成や人件費の予測と計画、そしてこれが大事ですが、その計画が狂ったときの対応（危機管理）も立案されている「はず」なのですが。

面接官や人事部長、役員や社長の好みの人材ばかりでは会社の事業はまわりません。成長しません。何らかの危機が発生したときに乗り切れません。毎日の食事が野菜、豚肉、牛肉だけでは、健康が維持できないのと一緒です。

で、内々定に参りましょう。

人事部長「よーし、決まり。内定です、おめでとう」

学生さん「エッ！　ほんとうですか？　ありがとうございます。ところで『内定書』なんかいただけるのですよね、今日？」

人事部長「あーそれは10月1日の内定式で『入社誓約書』と引き換えに出しますから」

（本音）「いい子がいるが逃がすかもしれんから、君は予備だよ、予備——」

学生さん「えー今日は『内定』ではないのですか？　それでは不安ですね……」

（本音）「いいですよ、別に。もっと有名な会社3社から内々定もらっていますから。ここは予備ですよ。予備……」

と、まーこんな場面が多くなりました。

これが「内々定」です。

経団連加盟会社は規則（この規則がころころ変わり、守っている会社が少ないのですが）で内定通知は採用日である4月1日の前年10月1日以降に、と決まっているので、それ以前に「いい人材を早く確保しよう」とする会社は「内々定」を出します。だいたいが口頭か電話です。

●内定とは？

10月1日に来年4月1日付で採用しますとの「採用通知書」や「採用内定通知書」が「承諾書」や「誓約書」それと「身元引受書」とともに郵送されてきました。

これが「内定」です。

まだ学校を卒業していませんので「会社人」にはなれませんし、会社も雇用できません。ですが、来年4月1日からはあなたにとって「ウチの会社」になりますよ。約束してくれますよね、他の会社に行かないよね。――はい、行きません。ということです。

学生さんの本音「やっぱりきたのね。でもここ予備だったから、本命からも来てるから、やめた……。さっそく『辞退届』を出しておこう」

人事部長の本音「なーんだ。やっぱり辞退か。まあいいか、本命もとれていることだし……」

このように「内定」は書類で通知されるか、内定者を集め「内定式」を行いそこで来年4月1日付で必ず入社しますとの「誓約書」を書かせる会社も増えました。

●「内々定」と「内定」の違い

では「内々定」と「内定」の違いはどこにあるのでしょうか？

結論からいいますと、「内定」は働き出す時期をきめた労働契約で、「内々定」はそこまでは確定していませんが「来年4月1日から当社で働いてくださいね」との申し出をした状態と言えます。

最初に申し上げた「スマホ」の選択で言えば、

「あのーこのスマホにしたいと思いますが……在庫あります？　ある！　でもチョット他もみてきますね」が「内々定」でしょうか。

「あのーこのスマホにしたと思いますが？　在庫あります？　ある！　では彼と相談して明日またきます。私の名前で確保お願いします」が、「内定」ですかね。

どこが違うかといえば、「内々定」は、会社側も学生さん側も、いつでも「ヤーメタ」と言えることです。会社側から言えば、あとで「内定」を出しますから、との意思表示です。ですから就活中の学生さんは、一応の保険みたいなもので、目標とする会社をドンドン回って引き続き就職活動をすべきでしょうね。

しかし、「内々定」でも学生さんから断るなら早い方がいいですね。特に学校からの推薦会社の場合は今後のこともありますから。会社人の常識ですよ。

スマホで言えば、「やっぱり、あちらにいいのがありましたので、そちらにしました」「いいですよ、あれはもう他のお客様に売れましたので……」ということです。

一方「内定」は、すでに見ましたように働き出すのは来年の4月1日ですが、それを約束します、との雇用契約の申し込みで、承諾書や誓約書を出せば「ハイ、それで結構です」との契約が成立したことになります。

スマホで言えば「彼も、これがいいと言ってます。でもチョットお金がないので、月末まで待ってくれます？」「いいですよ、お客様の名前で取り置きしておきます」ということです。

大きな違いは、「内定」は「始期付解約権留保付労働契約」という難しい契約となります。最初に見たように、今日からではなく、来年の4月1日からという開始時期が決まっている労働契約が成立している、ということです。

ですから、内定を出した会社が内定（労働契約）を取り消すには制約があります。

内定取り消しが許されるのは、例えば、

①大学・専門学校・高校を卒業できなかった場合（これは仕方ないですよね。大学・専門学校・高校卒業となっていたのですから）。

②健康状態が悪くなり、仕事に耐えられなくなった場合（ブラックバイトで？　じゃあそのバイト先を訴えましょうよ）。

③会社の業績が「内定」後に急に悪化してリストラ【↓141ページ～参照】しなければならない場合（そんなところは入社した方が大変ですよ）。

④履歴書にウソが書いてあったとか、入社条件だった運転免許が取れなかった場合（まーしかたないですよね）。

等の場合です。

基本的に「内定」は、働いてはいませんが労働契約は成立しています、ということになりますので、取り消しは「解雇」と同じことになります。

「内定」の取り消しに対する裁判では「期待権侵害」であるとして慰謝料や損害賠償を払う判決も出ています（大日本印刷事件。1979年3月最高裁判決）。

ただし、解雇と大きく異なるのは、解雇なら裁判で勝てば元の職場に戻れますが「内定取り消し」はまだ働いてはいませんので、その会社の会社人にはなれないということです。

これは、すでに「会社人」である人と、就活中の学生さんとの大きな違いです。

それと、学生さん側からの「内定」の取り消しは自由です。会社人に退職の自由があるのと同じです。でも予約つきとはいえ雇用契約が成立しているのですから、少なくとも2週間前、できれば1カ月前くらいには「内定辞退」連絡を手紙でしましょう。これも、大切な会社人の常識です。

「内々定」は労働契約が成立していませんが、ただし学生さんにとっては「内々定」をもらって誓約書もとったので「当然、近いうちに内定が出て就職できる」と期待し、「他の会社回りをやめていたのに」なんて場合は、会社の内々定取り消しが期待権侵害の不当行為であると裁判所が判断することもあります（コーセーアールイー事件。2011年3月福岡高裁判決）。この場合は慰謝料がもらえます。

おかしいと思ったら「就職支援室」や「新卒ハローワーク」に相談してみましょう。その行動が「ブラック企業」をなくし、被害に遭う後輩を救うことになりますよ。

●「入社承諾書」や「入社誓約書」の効果

会社から「内々定書」や「内定書」が送られてくる場合や「内定式」で学生さんに「入社誓約書」や「入社承諾書」に署名押印を要求されることがあります。

でもその後「あの会社、ブラック企業とわかったので入社したくない。本命の会社から内定もらったし」などと学生さんから、お断りしたい、ということもあります。

「内定」は労働契約と言われたし、ダメかなー。

心配いりません。「入社誓約書」や「入社承諾書」の提出後でも、学生さんから入社を辞退できます。憲法が保証する「職業選択の自由」の方が強いのです。でも、これもやはりなるべく早く、お断りすべきですよね。

就活は「結婚と同じで、相手を自由に選べますよ」と言いましたが、断るなら相手の都合もあるでしょうから、早い方がいいです。

それと、連絡は今の時代ですからメールで十分と思われるでしょうが、やはりハガキでもいいですから手書きを推奨いたします。内容はネットで調べたものより、ご自分の気持ちをそのまま表現した文章の方が相手に伝わります。

特に内定承諾や入社承諾の場合は、それを知ったときの「喜び」「感動」を表現できた手紙を添付できれば最高です。

●オワハラ（就職活動終われハラスメント）

今の日本は何でもありですね。会社が「いい人材」と思ったら、就活中の学生さんに、ほかの会社訪問や面接などはするな、就職活動を終わりにしろ、と圧力を加えることを俗に「オワハラ」などといいます。具体的には、「今ここで就職を誓えば『内定』を出すから署名しろ！」「内定もらっている他社にここから断りの電話しろ！」というように、学生さんが恐怖を感じるような威圧を与えることです。

また「君の成績では、他の就職先はどこもないよ。今ここで当社に決めるべきだよ」と決めつけたり、研修と称して他社の会社訪問や面接ができないように囲い込んでしまう、といったこともあります。

　そのような会社は、「給与がいい」「有名で親もすすめている」会社でもやはり断るべきですね。入社後どのようなパワハラ・セクハラが待っているかわかりませんよ。

　この本を書いている時点では「売り手市場」らしいですから、内定者にワインを送る、運動会を開く、親を訪問するなどの「ソフトなつなぎとめ策」をとる会社も出てきた、とのことですが、私はこれらの会社もいったん「買い手市場」になれば、「ナイハラ」なんてことになるかも、と予想しています。

　エントリーシートを送りました。会社説明会も行きました。面接も100社行きました。でも、なんの連絡もナシ、面接官の名前もナイ。ナイ、ナシ、ナイ、の時代が。

●身元保証について

「内定時」や「入社時」に「身元保証書」も併せて提出することをほとんどの会社は要求します。日本独自の制度です。

　入社試験2回、面接4回もして「内々定」「内定」も通過し、研修までやったのにまだ信用できないのですかね？　面接官は何を見てきたの？　といいたくなりますよね。

新入社員が、仲間とケンカして会社の窓ガラスを割っちゃった。飲酒運転で会社の車を廃車にしてしまった。保険も下りないし、給与でも払えないし……そんなときは、身元保証人のサイトウおじさんが損害賠償します、ということです。

まーおじさんに迷惑かけられないし……という抑止力にはなりますか。

オジサンにすれば、「君、いつまでもこんなことでは困るよ。君の『会社人』生活より俺の命がもたないよ」。ですから、「身元保証ニ関スル法律」というえらい古い法律で、期間を決めていなければ身元保証は3年間で終わり。期間を決める場合でも5年が最長、それ以上の期間が必要なら、5年を上限に更新をお願いします。と定めています。

サイトウのおじさんにお願いするときそのことを説明すればチョット安心されるかも。また、自分が身元保証人になるときも安心ですよね。

なお外国では、新卒の場合学校や担当教授から、転職の場合は以前の会社からレファレンス（紹介状・推薦状）を添付する慣習があります。日本でも外資系などを中心にレファレンスを求める会社が増えています。転職する場合は、今の会社に頼んでみては？

●労働条件の確認

あなたがどのような条件で働くのかは募集時の情報にあったでしょうが、「内定時」には改めて開示されるのが普通です。給与は「内々定」から下がることはないでしょうが、その後の経済情勢や会社の業績などが変化している可能性があります。就職支援室で指導された「労働条件の見方」を再度見て、ちゃんと確認してください。「就業規則」は「内定」時に提出してくれる会社もありますが、外部に漏れると困る、ということで入社式後に渡されるのがほとんどです。

入社できましたが？

●試用期間

4月1日。入社式！　「君が代」と社歌斉唱。

なんて会社はあまりないと思います。多くは、社長の「歓迎と期待のお言葉」「会社の宣伝」と、新入社員代表の「誓いの言葉」でしょうか。

やりました！　ピッカピカの1年生、ついに私も憧れの「デンツウウーマン！」

でも「ちょと待った」です。今のあなたは正式には〝見習〟でして、3カ月の試用期間後に正社員となります。

「なによーそれって、お試し期間？　テレビショッピングではあるまいし」と言いたくなりますよね。わかります。

何度も試験や面接して、「内々定」「内定」を経て、その上「身元保証人」までとって、まだ信用できないようです。何のためにこの2年近く就活してきたのか？

会社は自分たちの「目」が信じられないのですね。

これでは「内定」と同じでは？　その不安と怒り、わかります。でも「内定」よりはあなたの地位は強いです。

試用期間とは「会社が採用後の一定期間に、あなたの適正、能力、勤務態度などを見極める期間であり、配属などを決めるためのもの」（「解約権留保付労働解約」という難しい名称がついています）とされています。

すでに会社とあなたの間には「雇用契約」が結ばれていますので、簡単には返品、いや解雇はできません。クビにできるのは「客観的に合理的な理由があって社会通念上相当と認められる理由がある」場合に限られます。難しいことを言っていますが、例えば、

①勤務態度が悪く、失望的に仕事を覚えない、できない。

②遅刻、欠勤が多すぎる。それも事前連絡なしで。

③協調性がゼロ。同僚と会話もせず、上司のいうことも聞かない。

④経歴にウソがあった。大学は卒業したがゼミの内容はデタラメだった。

などの場合に限られます。でもそれって内々定や内定、研修会でも見抜けなかった会社の責任

では？　と私は思います。また「勤務態度が悪い」とか「協調性ゼロ」とかはどのような判断に基づき「客観的に合理性があって社会通念上相当と認められる」と判断するのでしょうか？　会社側の言い分だけで安易に納得しないでくださいよ。

当然ながら、入社後の解雇ですから1カ月前に通告するか、1カ月分の給与を支払わなければなりません。ショックは「内定」の比ではなく、新しい仕事探しも大変です。

納得できない場合は、日本労働弁護団への相談をお薦めいたします。

会社の人事権と「会社人」の職業選択の自由

会社は雇用した「会社人」を会社内へ受け入れ組織内で活用して事業に寄与させ、または放出する権利「人事権」があるとされています。具体的に見てみましょう。

●転勤・配置転換

仕事内容または勤務場所が、あるいはその両方が長期間にわたって変わることを言います。日本では外国に比較し、頻繁に行われます。その目的は一定の部署を除き、スペシャリストよりジェネラリスト育成のため、といわれています。なお、短期であれば「出向」「出張」ですかね。

人事部長から、経理部門のサイトウに、

「君、こんど○×島に新しい支店ができたから支店長で頼むよ。営業成績期待しているよ」

「えー、やっとマイホームを買ったのに。それも○×島？　断れるかな？」

でも大体、面接時に「海外勤務もありますよ」「もちろん、総合職ですので、地球の果てでも」なんて会話をしています。しかも就業規則に「業務の都合により転勤・転属を命じることがある。特段の事情・理由がない限りこれを拒否できない」などと明記されていますよ。

例えば、網走支店は人が足りないが、大阪支店は人が余っているような場合、大阪支店での人員整理（解雇）を避けるため網走支店へ配転する場合があります。長期雇用を前提とした日本では（「前提」とは建前だけで、新入社員に入社後も就活させ、1～2年で辞めさせるブラック企業も多いですが）、配転の度に会社人の同意をとる必要はないとの判例もあります（東亜ペイント事件。1986年7月最高裁判決）。

職種の限定

労働契約上仕事の内容が明確に特定されている場合は、会社人の同意のない配置転換は違法です（労働契約法第7条のただし書）。

例えば、社内保育所の保育士さんに「業績が悪化しているので来月から営業お願いね」、研究所に入った博士さんに「組み立てラインへ移動」などは、やはり本人の事前同意が必要でしょう。

勤務場所限定

「地域限定型採用」が多くなってきていますが、この場合は転勤はないでしょう。でも総合職なら離島でも地球の裏側でも、どこでもアリでしょうね。

特段の事情

「会社人」に特段の事情がある場合は拒否できます。多いのは、共働きで幼稚園児の送り迎えが不可能になる、寝たきりの高齢者家族の介護ができない、などの理由があれば、命令を拒否しても解雇できない、との判例があります（ネスレジャパンホールディングス事件。2006年4月大阪高裁判決）。この判決では、むしろこれらの事情に配慮すべきとも言っています。また、「組合つぶし」の目的で、「ウルサ型のサイトウを網走に」とか「この仕事はタナカの方が適任だが、サイトウが嫌いだから飛ばそう」などの配転人事は、不当な動機や目的、ないしは選択手続きに問題アリとして、会社の「権利の濫用」となります。

単身赴任でパリ！　マカオ！　札幌！　天国ですよ。でも「会社は家庭生活と会社生活の調和の観点から、転勤対象者選択にあたっては単身赴任が生じないよう配慮する義務を負う」との判例もあります。それなら恋人と別れることになる独身者の権利は？　となりますよね。

部署間の配置転換

働く事業所は変わりませんが、経理部から営業部への転換やその逆などは頻繁に行われます。「新しい職場だ、チャンスだ」ととらえるか、「えー左遷？」ととらえるかはご本人の考え一つです。私は「自分の幅を広げるチャンスだ」と思いますが。

懲戒解雇

その転勤・配置転換が対象となった会社人にとって「通常甘受すべき不利益」なら辞令通りすべきでしょうね。断れば最悪の場合「就業規則に定めるところにより懲戒解雇」となるでしょう。会社側から言えば、サイトウの言い分を聞いていたら、他の者も同様の「言い訳」をして「正常な事業活動ができなくなる」からです。

●出向

これも日本ではよくあるケースです。

今の会社に籍（雇用契約）を置いたまま、子会社や関連会社、ときには親会社で働くことです。「サイチョット応援ではなくて2年から5年、ときには10年と長期間にわたることが多いです。「サイトウ君、こんど君には子会社の○×島製作所の立て直しに行ってもらうから」という前向きな場合と、「サイトウ君、今の仕事なくなるので○×島製作所に部長の席を用意したので」という後ろ向きの場合があります。前者は何年か後には昇格して戻れる可能性もありますが、後者は難しいでしょう。でもリストラよりはいいのでは？

給与などの条件面は元の会社と同様（下がる場合も上がる場合もありますが）ですが、業務上の指揮命令権、つまり始業時間、就業時間、仕事の内容・やり方等々は出向先の規則に従うことになります。

正社員のみ対象

当然ですがパートさんや派遣社員さんなどの非正規社員は対象外です。

入社時の合意と就業規則

転勤や配置転換と同様に①業務上の必要性があり、②出向の不利益が「通常甘受すべきレベル」を超えていない、③出向期間や、戻れるかどうかが明確か、等が就業規則に明記された通りか、入社時に説明されているかどうか、が当然判断の基礎となるでしょう。

復帰命令の有効性は

人事部長「サイトウ君、ご苦労さんでした。来月から本社に戻っていただきます」
サイトウ「エーそんなー。今の彼氏と遠距離になるじゃん！」

ごめんなさいね。出向時に「戻さない」との合意がされている、などの特段の理由がない限り、出向元に戻らなければなりません（古河電気工業・原子燃料工業事件。1985年4月最高裁判決）。最悪は懲戒処分で解雇もありえます。辞めて今の会社の近くで新しい仕事を探しますか？ サイトウさんならいい仕事見つかるかも。

●転籍

事業縮小や変更による移籍

人事部長「サイトウ君、君の仕事はなくなるので、来月から当社の関連会社の㈱社員第一デンキに移籍してもらうから」
サイトウ「エーそんな、聞いてないですよ。私この会社愛してるのにー」
人事部長「だから今言ってるじゃないか。社名も似てるしいいだろう、ウチは縮小するのでな……」

この場合は、当然ながら会社は、サイトウを強制的に転籍させることも、拒否したからと言って解雇することもできません。

その前に、「君の仕事がない」のは本当か、代替の仕事はないのか。他の人ではだめなのか等々をサイトウに説明し、納得させなければなりません。

納得できなければ、その旨を伝え人事部長さんを説得。または「労働相談所」へ。

合併や買収での移籍

トヨタがダイハツを完全子会社化、東芝グループの売却、日産自動車が三菱自動車の筆頭株主へ等々、最近は会社間の合併や買収が盛んです。「ウチの会社」も安泰とは言えないかも？

A社にいましたが、買収で明日からB社の「会社人」に。

A社にいましたが、合併・分割でC社の「会社人」に。

アメリカの映画のようなことが毎日日本でも起こっています。

「入社したら一生、『ウチの会社』で」は無理かもしれません。

合併や買収で会社が変わってしまえば、これは仕方ありません。当然B社、C社に移籍です。

または退職ですね。

合併や買収を回避するためには、その前にＥＢＯ（Employee Buy-Out）つまり従業員買収ですね。「ウチの会社」を「会社人」で買うしかありません。

実際、旭電化工業株式会社では、2000年に社員で株式を購入した事例があります。

会社分割（分社化）による移籍

会社分割には、新設分割と吸収分割があります。例えば、A社の一部門だけを分割し、別のB会社を新しく設立するのが新設分割、A社の一部門をC社に吸収させるのが吸収分割です。どちらにしてもA社のその部門の会社人は、A社に入社し働いていたにも関わらず、B社に移るか、C社に移籍か、それともそのままA社に残れるのか？ が非常に重要となります。特に不良部門を分社化する場合には慎重に検討しなければ！

分割は「会社人」の人生にとって非常に重要なことですから、会社は、事前に会社人と協議しなければならないと会社法に定めています。また労働契約継承法という法律では、分割契約書や分割協議書に名前が記載されている者は分社後のBまたはCの「会社人」となれる、とも定めています。もっと具体的には……

イ、その分割される事業に「主としてかかわっていた人で、名簿に記載されている人」は、雇用契約は新しい会社に継続されます。それに対して異議申し立てはできません。しても無効ですので後は退職しかありません。チョット納得できないかもしれませんが……。

ロ、その分割される事業に「主としてかかわっていた人で、名簿に記載されていない人」の場合は、「おかいですよ、私移籍したいです」と異議申し出をすれば、移籍できます。が、「まぁいいか」、と何も言わなければ移籍はできません。
ハ、その分割される事業に「主としてかかわっていなかった人で、名簿に記載されている人」の場合は、何も言わなければ移籍できます。「いやだ」との異議申し立てをすれば、移籍しなくてもいいです。
ニ、その分割される事業に「主としてかかわっていなかった人で、名簿に記載されていない人」は移籍できません。

では、移籍できない人や、移籍したくないと異議申し立てできる人はどうなるのでしょう？もちろん今の「ウチの会社」で継続して働くことができます。でも、移籍できるのに移籍しないことを理由に解雇やイジメがあれば違法ですので、しっかりと申し込みをしましょう。または近くの労働局に相談です。

退職金などの取り扱い

移籍の場合は、給与や有給休暇などの雇用条件はそのまま新しい会社に引き継がれるのが大半ですが、一旦退職して新しい条件で、となる場合の退職金【↓第5章175ページ～参照】は「会社都合」での計算になります。退職金の計算はだいたいどこの会社でも「自己都合」は「会社都合」より低くなっていますので注意しましょう。また、移籍しなくて退職した場合も離職票は「会社都合」

です。そのようにしない会社もあるようですから、しっかりチェックし、間違っていたら修正を依頼しましょう。

また、最初にも説明したように、会社は会社人と協議することが必要です。その協議がなかったり、不十分だった場合で納得できなければ「会社分割協議」自体に異議を申し立てることもできます。

この会社分割・併合の形態は今後ますます増えていくことになると、私は思います。

●昇給・昇格・左遷

入社して1年もたてば後輩が入社してきます。あなたの給与が上がります。前年の秋くらいから労働組合と会社が翌年の給与をいくら上げるか、さらにはベースアップといって全員の基本給底上げの交渉が始まります。また組合のない会社でも正月明けには、少なくとも3月末までには会社から説明があるでしょう。

昇給額・率は毎年物価上昇率や会社の利益率が重要な影響を与えますが、当然ながら物価が下がったから給与を減らすには労使協議が必要で、不可能に近いです。ですから会社は昇給には非常に慎重です。

会社人になったら「ウチの会社」だけではなく、競合他社や異業種などの業績や平均給与なども研究することを薦めます。転職のためではなく「ウチの会社」のことをもっとよく知るためです。競合他社に比較して「なぜ良いのか？　悪いのか？」異業種の動きはどうなのか？「ウチの会社」との境界線を侵す企業は出てこないか？　産業の地図はかわるのか？　等々の研究も怠らないように。

ブラック企業や、そうでなくても人の出入りが激しい（そのこと自体がブラックではないかと思われますが）会社は最初の給与は高めに設定されていて、入社後はあまり昇給しない傾向があります。反対に、初任給は安いですが毎年確実に昇給する会社や、急成長している会社は昇給額も他社より大きくなります。

「昇格」については、早ければ入社3年くらいで主任とかリーダーなどの名称がつけられ、役職手当が給与に加算されます。でも「ブラック企業」のところでも申しましたが、「残業代を支払わなくてもいい」管理者に昇格させることは社会一般的な常識で考えても3～5年では早いですよね。名ばかり管理職の疑いがありますよ。「管理者とは経営者と一体になって指揮命令権がある」と労働基準法に定めています。具体的に会社の貸借対照表【↓第3章76ページ～参照】や損益計算書【↓第3章70ページ～参照】を見ることができて、自分の部署、店、などの人事権を持っている人のことです。

「経営状態」を把握できる、またそのように研修をしていること。それから、自分の部署の採用や移動などの具体的な人事権を持っているかどうか。昇格する前にしっかり確認してください。

昇給や昇格については、同期や後輩との競争に「勝った／負けた」が会社人にはとても気になることですよね。悲しい現実を申し上げれば、組織とはそのようなものです。お互いに競争させ業績を伸ばす、という面は否めません。そうでないと、競争社会では会社自体が生き残れないのです。もちろん、程度の問題ではありますが。

ですから短期間を見て必要以上に喜んだり優越感を持ったり、反対に落ち込んだり劣等感を持ったりしないで、冷静にその理由を分析し、心に余裕を持たせるのです。そのために会社人となってからも、放電ばかりではなく充電してきたのでしょう。

「左遷」もあるかもしれません。左遷とはこれまでよりも明らかに低い地位や仕事に就かされることです。本社の課長から支社の課長に。経理から荷受け部署に、などですね。でも、就業規則に反することをして、懲戒処分として実行されるなら、その処分が妥当か否かを検証する必要があります。労働組合（第6章で学びます）または労働相談所を通じて確認する必要があります。それ以外で行われるなら、なぜか？　本当に左遷か？　を自分でよく考えてみましょう。給与が大幅に低下し明らかに上司から嫌われて、という事情でもない限り、あなたの社内ネットワークを使って確認も必要です。よく考えれば「チャンス」なのかもしれません。ここまで一直線に登ってきましたが、ここでチョット休憩するのも。会社が新しい分野に進出を計画していて、そのためなのかも。

私は昇格でも左遷でも移動でも、できればその機会を積極的に生かす方法を見つけるべきだと思います。その間に新しいことを学ぶ、新しい視点を身に着ける、視点を変える、ことに挑戦して、「左遷」させた人を驚かせ反省させるのはどうでしょうか、シタタカに。「人間万事塞翁が馬《じんかんばんじさいおううま》」ですよ。

半沢直樹もやっているでしょう。倍返し、3倍返し、10倍返しを。彼もそれができる知識と自らが正しいとの自信と誇り、信念をもっていますよね。

そのような人を組織は捨ててはおきません。でないと組織は衰退していきます。

●リストラクチャリング（リストラ・再構築・整理解雇）

あなたは「ウチの会社」でずっと働きたい。定年まで働くことを希望しているのに、途中で辞めてください、となる場合があります。リストラです。でも、「アイツ気に入らんからリストラだ！」はできません。何事にもルールがあります。リストラですから、会社が倒産してしまったわけではないのです。規模縮小や再構築して会社が生き残ろうとしているのです。当然ながら会社に残る人と去る人に分かれます。では去る人はどのように選ばれるのでしょうか？

❶会社人の削減の必要性が本当にありますか？　首を切っておいて一方では大量募集などしていませんか？

②解雇回避義務を果たしていますか？　リストラしなくてもすむように、転勤・配置転換・出向・希望退職募集などを実施しましたか？

③リストラされる人の選択に妥当性はありますか？　遅刻・欠勤が多い人などはわかりますが、30歳未満とか55歳以上とかは本当に公平で妥当ですかね？

④手続きが妥当ですか？　労働組合や労働者全員にちゃんと、時間的余裕をもって説明しましたか？

リストラするには、この4つのポイントが求められています。しっかりチェックしてください。その前にまず、役員報酬や役職者の給与カットを実行し、社長車廃止などの経費削減を実施すべきです。経営者が、自らの経営能力不足の結末を会社人に押しつけるのですから。

そして、退職金の上乗せや再就職のための人材紹介会社への登録、再教育なども実施すべきです。それでも改善されないとき、初めてリストラとなるのです。

第5章

会社人のルールと会社のルール

世の中すべて権利があれば、それに見合った義務があります。義務があれば、それに見合った権利があります。会社人も同じです。権利ばかりを要求していては、世の中ギスギスします。かといって、義務を果たしているばかりでは、何か割り切れない不満が残ります。義務を果たしてから権利を要求すれば、気持ちに余裕のある人生を送ることができるのではないでしょうか。「就活中」も含め会社人にはどのような義務があり、どのような権利が保証されているかを知っておくのは、会社人の常識でしょう。

会社人の多様化

この本は、会社などで働いているか、働く予定の人を前提にしています。

会社人は1日8時間、1週間5日勤務で、雇用期間が決まっていない、いわゆる「正社員」（正規社員という場合もあります）だけでなく、いろいろな形態で働いています。

どのような形態の雇用が存在し、それらの人たちは正社員とどのように異なるのでしょうか。

●会社人の種類

①パートタイム・アルバイト

正社員より1日の勤務時間が短いか、1日の勤務時間は8時間だが1週間に2、3日しか勤務しない、という人たちです。パートタイムには主婦が多くアルバイトには学生が多いようですが、労働基準法では区別していません。

労働災害保険には会社負担で全員加入義務があります。雇用保険は1週間の労働時間が20時間以上なら、また、健康保険・厚生年金保険には、正社員の労働時間の4分の3以上働いていれば、加入しなければなりません。これらの保険料は、会社と会社人が50％ずつ負担します。

②契約社員

正社員は無期契約です。つまり働く期間を決めずに労働契約をしています。一方、契約社員とは、雇用契約時に、たとえば1年間とか2年間とか、期限を切って雇用契約をしている人たちです。使用者側も労働者側も、契約期間の途中で解雇したり退職したりすると、相手側から損害賠償を請求されることがあります。実際は、1年ごとに契約を更新している会社が多いようです。

本来、契約社員は特別な知識・技術を持っている人で、その知識・技術が必要とされる期間のみ雇用する形態でした。ですからこの制度が導入された頃、契約社員の給与は相対的に正社員より高い場合が多かったのです。でも今日では、生産量に合わせた「労働力の調整機能」として活用されています。自動車産業の季節工などはその典型的なものです。

会社と働く人が合意すれば、契約社員から正社員になることも、もちろんあります。でも、現実には不安定な雇用形態であるといえます。

各種保険や有給休暇については、原則として、一般の正社員と同様に全て適用されます。

なお、この有期労働契約でも、反復して雇用契約が更新され通算5年を超えたときは、会社人の申し込みにより期間の定めのない無期契約社員にしなければなりません。

③嘱託社員

雇用期間が定められている、契約社員とほぼ同様の雇用形態です。

多くはその会社を定年退職した人で、専門的知識や高い技術を持っていて、それらを後輩に教育する、伝承するなどの目的で引き続き雇用する場合が多いようです。契約社員はもとは外部の人、嘱託社員はその会社で働いていた人、という違いはありますが、期限を切って雇用されることに違いはありません。

これとは別に産業医などを嘱託契約で雇用する場合もあります。この場合は、1日2時間とか、週に3時間しか出勤しませんので、嘱託医といってもパートタイムと同じ扱いになります。

各種保険や有給休暇については、原則として、一般の正社員と同様全て適用されます

④派遣社員

派遣会社（派遣元）と雇用契約を結び、ある一定期間派遣先（勤務する会社）へ派遣され働く形態です。勤務している会社の社員ではありません。給与は派遣元の会社から受け取ります。また各種保険も派遣元が加入します。不安定な雇用形態であることは、契約社員などと同様です。

⑤出向社員

正社員として入社した人が、身分は出向元の社員のまま、子会社などで働くことです。給与や労働条件などは出向元の規定が適用されます。各種保険関係は勤務している子会社で加入します。

過去に、自動車メーカーが下請け企業に監視役として社員を出向させる、または余分な人材を

押し付ける、リストラ［→第4章141ジ〜参照］対象の人を最初は出向という形で出しておいて、そのうち子会社に転籍させる、などの例を見たことがあります。もっとも、元の会社に戻り出世されて、自分がいた下請けにおいしい仕事を回してくれた例もないわけではありませんが。

⑥業務委託社員

この勤務形態は社員という名称がついていますが、社員ではありません。なぜなら会社と直接業務委託契約を締結し、会社の指揮命令や労働時間の管理も受けず、自分の裁量で契約内容の仕事を完成させれば報酬がもらえる人だからです。

働く場所は、契約している会社の場合もあり、自宅や自分の事務所・工場の場合もあります。保険ももちろん自分持ちです。税金も「事業所得者」として自分で申告します。建設現場などの「一人親方」などが有名です。

⑦外国人技能実習制度

日本の高い技術を海外に移転することで国際協力・支援をとの名目で多くの外国人を短期間受け入れています。私も自動車関連企業に在職中この制度を利用しました。研修後は中国の現地法人で全員雇用しましたが、以後は利用していません。なぜならその実態は「安い労働力の確保」「出稼ぎ」だと思うからです。それが証拠に形態や職種・期間等々が経済界の要求によって「コロコロ」変化します。また、受け入れ企業の実態調査をしたことがありますが本当にひどい環境で、言葉も出ませんでした。政府も日本社会全体も実態を認め、受け入れる人々の人権と雇用を守り、本来の目的に沿った制度にすべきだと思います。

●本当の働き方改善

裁量労働制やフレックスタイムなど聞こえのいい言葉がよく出てきますが、会社の残業代カット、違法残業逃れの口実として利用されているのが実態です。多くの経営者がその制度の目的をよく理解できていません。法律・法令はどれも、第1条にはその法律の目的が明記されています。その目的を達成するために第2条からの条文が規定されているのです。一部の条文や文章を読んで、勝手な解釈、拡張解釈をしてはいけません

みなさんも「ウチの会社」の働き方について再度よく研究してみてください。

会社人が守るべきルール

入社したら会社人にはどのような義務があるのかを、これから見てみましょう。

当然ですがあなたに義務があれば、会社にも義務があります。義務を果たしてから権利を主張する方が心に余裕が出ます。第3章でみた貸借対照表【↓第3章76ジペー～参照】でいえば、右側にあった義務（金を返さなければならないという義務＝借入金）を先に多く果たせば残りは減ります。そうすると、左側の権利（金を回収する権利＝売掛金）などがそのままなら、資産マイナス負債プラス資本金で、当期利益が大きくなりました。それと同じです。義務を先にしっかり果たせば権利が残り、会社に貸しができて心に余裕（当期利益）が出ます。

ということで、会社人の義務からみていきましょう。

1　誠実労働義務

労働契約法第3条第4項に「労働者及び使用者は、労働契約を遵守するとともに、信義に従い誠実に、権利を行使し、及び義務を履行しなければならない」と規定しています。

「夕べ飲み過ぎまして……」と会社で居眠りばかりでは、誠実に働いているとは言えませんね。また、ライバル会社に秘密や公になっていない「恥」を漏らすとか。休み時間でも会社を非難する「事実に基づかないビラをまいた」ことを理由とする懲戒処分を合法とした判例もあります。

2　業務命令に従う義務

就業規則には必ず「管理者や上司の指揮命令に従う義務がある」と定められています。会社は、その目的である正当な利益を確保するために、合理的な組織運営をする必要があります。そのために、会社は会社人に業務命令を出します。それに従ってください、ということです。もちろん、違法なことや不合理なことを押しつけられれば、断ることができますし、断るべきです。

3　職場秩序を守る義務

異なった雇用形態の多くの会社人が働く今日の会社では、何よりも職場におけるルールを守り、協働することが必要となります。会社の秩序は、会社の存続、発展には必要不可欠です。会社人がバラバラでは、発展どころか今の給与も維持できません。また、いろいろな人々が同じ職場で働くのですから、男女、人種、障がいのあるなしにかかわらず、よい人間関係をつくり、セクハラ（セクシュアルハラスメント）・パワハラ（パワーハラスメント）【→159ページ～参照】などが起こらないように、みんなで努力する義務もありますね。

4　職務専念義務

就業規則には「勤務時間中は、特別の事情がある場合を除き、社員は精神的・肉体的活動力のすべてを職務のみに集中しなければならず、その職務以外のために精神的・肉体的活動力を用いることは許されない」と規定していることが多いです。

たとえば、勤務時間中に社内の友人と私用メールのやりとりしていた人が、「会社財産を私用で使用し、その間職務専念義務に違反し、かつ、相手の友人にも同様の違反をさせた」として懲戒処分になったケースもあります。また、業務促進意欲をもって働く義務があります。たとえば、上司が教育をしたのに業務成績や能率が不良な場合、懲戒解雇となることも考えられます。でも、ロボットや奴隷になれといっているのではありません。社会一般の常識で判断して、仕事中はその仕事に専念してください、ということです。

なお、「公僕」である地方・国家公務員については公務員法に「職務専念義務」を明確に規定しています。権力者への「忖度《そんたく》」ばかりが目立つこの頃ですが。

5 会社の名誉を守る義務

会社は、会社人とその家族や取引先はもちろん、製造する商品を購入し使用する消費者さんたちとも関わりを持っています。ですから、その会社の名誉を汚すことは「ウチの会社」だけでなく広い範囲に重大な悪影響を及ぼすことになります。そのため、就業規則でも会社の名誉を守る義務が規定されていることが多いのです。

6 兼業禁止・守秘義務

多くの会社では就業規則で兼業を禁止しています。会社の仕事以外に他の仕事をすれば疲労もたまるでしょうし、病気になった場合もどの仕事が原因かわかりません。ですから兼業を禁止しているのです。でも、最近は非正規社員が4割を超え、不安定な収入しかない人の増大に伴って、副業（ダブルワーク）が増えています。その場合、双方の会社の秘密やノウハウを漏らさないようにするのは、会社人の常識です。

また、兼業をしなくても、会社の秘密を漏らせば就業規則違反で、懲戒解雇されることもあります。それだけではなく、例えば２０１７年には、大手切削工具メーカー「オーエスジー」の元社員の逮捕がありました。このように、場合によっては不当競争防止法適用による刑事罰もあります。退職後も10年間はその義務と罪は消えることはありません。

7　内部告発（公益通報）

みなさんも、最近「森友学園」「加計学園」「自衛隊」など政府が隠していた文書の存在や車の燃費や粉飾決算など、長年にわたって行ってきた違法・脱法行為が内部告発で明らかになると社会的信用を失うこと、最悪の場合消えていった会社もあったことを覚えておられるでしょう。

「ウチの会社」の違法行為を発見したら、まず①社内の内部告発受付部署に通知する。それでも改善されないか無視された場合は、②監督官庁へ通知。それでもダメな場合は、③マスコミなどへ告発することになります。これが「内部告発」の順序です。会社による違法・不法と思われる行為を直ちにマスコミへ告発する、というのは問題で、まずは社内で解決する努力をすべきです。でないと、会社は社会から糾弾され、多くの仲間を失業に追い込みかねません。まず、違法なことをしない会社であるべきですが、「おかしい」と思ったら、それがいえるオープンな会社であることの方がもっと重要ですよね。調べて、違法でなければそれでいいのですから。それから、些細なことを「上司が気に入らない」といった理由で内部告発するのは混乱を招くだけです。

私は、内部告発問題だけではなく、パワハラ・セクハラ、過労死など不正・違法行為を「しない・させない・見逃さない」企業体質を構築すべきであり、会社も会社人もお互いに信頼しあいお互いに「礼節」をもって対応することが最低のルールと思います。

みなさんの「ウチの会社」は大丈夫ですか？　おかしいことをやっていませんか？

会社が守るべきルール

会社人に義務があるなら、当然会社側にも義務があります。まず「会社人」が会社で働くことは既にみたように雇用契約という契約で成り立っています。「サイトウさん、ウチで働いてくれますか？　条件はこれです」「いいですよ（本命と違うけれど、まーいいか）」で労働契約成立です。サイトウさんは「ウチの会社」のルールに従って働く義務があり、「ウチの会社は」は給与を支払う義務や、ちゃんとサイトウさんが働けるようにする義務があります。「労働契約」は一方的なものではありません。お互いに権利と義務が発生するのです。では会社側の義務を見てみましょう。

1　給与（賃金）支払い義務

当たり前ですが「会社人」が働いたら（働いてからですよ。お金が先ではなく）労働契約に従って給与が支払われなければなりません。次の「給与支払いの5原則」に従って支払われます。

①通貨（日本円）つまり現金で支払う

ただし、本人の同意や労働協定があれば銀行振り込みもOKで、現在ではほとんどの会社が採用しています。この場合、給与日の午前10時までに入金されていなければなりません。

ですから、「君……来月アメリカ出張だよな、ドルでいいか？」いいわけない！

また、「君の働きが悪くて……今月はスマホの在庫が多いのだよな……給与の一部をスマホ30％引きで、どうだ？　親に売れば儲かるぞ……」などの現物支給もダメですよ。

②直接本人に支払う

「ウチはおかみさんが財布を握っていますので、妻の口座に……」はダメです。これは、怪しい手配師とかチャイルドレイバー（child labor　児童労働）の親とか、恐妻家の給与を〝奥さん〟がピンハネするのを防止しているのです。

③全額を支払う

源泉税や健康保険料など法律で定めているものは当然控除できます。でも、たとえば労使協定で合意していないのに、会社からの前借りを控除することとか、飲酒運転の事故で壊した車の修理代を引くなどはできません。また、ノルマが達成できなかったからといって、一方的に給与から罰金が天引きされるようなこともありません。

また、「サイトウ君、業績悪いので今月分から給与30％放棄してくれる？」「え？　今度の連休お友達とパリですよ！　なによ、それ……」

もちろん、こんな場合も納得する必要はありません。違法です。

④毎月1回以上支払う

年俸制でも毎月です。週払いのように2回以上に分けてもいいのですが、2カ月分を一度で支払うことは違法です。

⑤一定の期日に支払う

先月は25日だったが来月は30日に支払うなどは違法です。

また非常時支払といって、本人の病傷、出産または台風や地震、風水害などの非常時に会社人から請求があった場合には、その日まで働いた分の給与を支払わなければなりません。ま一このような場合会社は請求前に支払うべきですよね。それが会社への忠誠心や仕事への愛情につながると思いますよ。

2　安全配慮義務

会社人の生命・健康などが危険から保護されるように配慮する義務があります。危険な場所などで仕事をする場合には、前もってそのことを伝え、危険を防止する方法をしっかり教育しなければならないのです。危険であることを会社人が何度も指摘したにもかかわらず、改善をおこたって事故が発生した場合は、その会社人に補償するだけでなく、上司や会社に刑事罰がありま す。このような場合は、事故が起こる前に事故防止対策を行うべきなのです。労働安全衛生法に基づく健康診断は進んで受診しましょう。その結果、重大な病気が見つかるかもしれませんよ。当然ながら会社は診断結果の個人情報がもれないようにする義務があります。

私の経験から申し上げますと、生産担当の取締役になったとき、3カ月かけてまず全員と面談をしてご不満・ご要望を拝聴いたしました。結果工場内の「安全通路」を法定以上の幅に広げ、危険度が高いと判断した場所は柵を設置し全体に照明なども上げました。するとみなさんの笑顔が増え、明るくなり仕事も早くかつ正確になりました。安全への投資は会社として不可欠で効果も大きいと思います。

3　適正労働条件確保義務（過労死を防止しろ）

会社は適正な労働条件を確保しなければなりません。いわゆる過労死などを防止する義務があるのです。会社は常に勤務時間、勤務状態、残業時間、休日取得状態など、会社人の健康に関係ある事項を適切に掌握し管理しなければなりません。会社人は仕事に専念する義務があるのですから、専念できる環境を整えなさい、ということです。

最近は政府も経営者も、労働組合の最大団体である連合ですら、自分たちは高給をとり、快適な環境下で「会社人」を上から見下ろし「働け！　働け！　1日24時間1年365日働け！」と言っているように思えてなりません。この本を執筆中の2017年10月の新聞紙上にも、電通の過労死の判決、ヤマトの社員の自殺は「労災」であるとして家族が提訴。そしてNHK記者の過労死問題などが掲載されました。いつもですが、このような場合、会社側のコメントや社長の記者会見での言葉はいつも「誠に申し訳ございません。二度と起こらないようにいたします」ですが、また何年か後には新たな犠牲者が出ます。

でも、名もなき中小企業のなかには、残業は一切しない、有給休暇は全部消化しなさい、無理をいうお客様にはこちらからお断りを！　という会社もあります。最初は業績が落ちますが、そのうち生産性も仕事の精度も上がり、何より「会社人」が明るくやる気が出て、理解されるお客様が増えてきます。

私の経験でも、財務担当取締役だったときも残業はしないようにお願いしていました。財務部門ではどこでも決算期は遅くまで仕事しています。

でも、決算後365日経てば決算期が来ることはわかっています。ですからいつも準備していれば残業は不要です。どうしても必要があるときは、一旦帰宅し夕食後、再度私のみが戻り仕事していました。電話も来ない決裁書類も来ない、仕事がはかどります。ですが、再出勤していることはスタッフにはわからないように。それが大事です。

また、電算室（昔はこのような部署があったのです）の責任者であったときのことです。1980年代のオフコン（オフィスコンピュータのことです。古いですね）は、オンラインで結んでいる5つの事業所すべての仕事が終わらないと、データのバックアップ・更新・電源オフができませんでした。なんとかならないかと鎌倉にあったコンピュータメーカーの開発部門にまで出向き尋ねました。「機能的に無理なのです。2台買えばできます」。でもそのような資金はありません。

専門家がダメと言っているのだから、諦めるか……とはいきません。「私の方が正しい」を信じて、ソフト開発会社に出かけ、100名以上の開発者に「私と一緒に挑戦したい人」を募集しました。すると、1人の若者が手を挙げました。スタッフも入れて5人で2カ月挑戦し、ついに1989年8月10日、「オンラインネットワーク自動システム」の完成です。

専門家集団の敗北で、素人の私の勝利です。メーカーから感謝状を持参されお詫びを受けました。経済新聞をはじめマスコミの取材も受け、そのシステムを他社に販売し、ドッカとお金が入りました。みなさんの給与も上げました。何より、毎日5時に「あるプログラムをセットして全員帰宅！」。それも毎日です。若いスタッフからは、「これで安心してデートもできる」との喜びの声。

自慢話ですが、「やればできる」のです。専門家の話に納得できなければ、挑戦するのです。すべきです。それが「誇りあるお仕事」ではないですか？「会社人」さま、「経営者」さま。

4 ハラスメントの防止義務

会社は、パワハラ（パワーハラスメント）・セクハラ（セクシュアルハラスメント）・マタハラ（マタニティハラスメント）などのハラスメントを防止し、解決する環境を整える義務を負っています。

「ハラスメント」は、会社の風土や「会社人」の人格の問題だと私は思います。

例えば、「ウチの女の子」という言い方。私はこの言葉を聞くたびに、ああ遅れているなーと思います。

30年以上も前ですが、財務担当取締役だったとき、ある銀行の支店長（取締役で将来の頭取候補の人でした）から「私が不在のときは、ウチの女の子に伝言お願いします」と言われ、「珍しいお名前ですね。オンナノコですか？どのような字を書きます？」と申し上げましたら、7秒ほどの沈黙の後、「いやーサイトウさん、参りました。タナカです、田中に申しておきますので……」。

この人はセクハラにも、パワハラにも、マタハラにも関係ないとは思います。でも、その銀行は合併に合併を重ね、今は名前も残っていませんし、彼も20年ほど前に退任させられました。残念ながら。

パワーハラスメントとは、「同じ職場で働く者に対して、職務上の地位や人間関係などの職場内の優位性を背景に、業務の適正な範囲を超えて、精神的・身体的苦痛を与える又は職場環境を悪化させる行為」と定義されています。この定義においては、上司から部下に対するものに限られず、職務上の地位や人間関係といった「職場内での優位性」を背景にする行為が該当すること、業務上必要な指示や注意・指導が行われている場合には該当せず、「業務の適正な範囲」を超える行為が該当すること、が明確にされています。

セクシュアルハラスメントには、①職場において、労働者の意に反する性的な言動が行われ、性的な行為や関係を強要したり、それを拒否したことで解雇、降格、減給などの不利益を受けること（対価型セクハラ）②性的な言動が行われることで職場の環境が不快なものとなったため、労働者の能力の発揮に大きな悪影響が生じること（環境型セクハラ）、などがあります。

なお職場とは、普段働いている職場の他に出張先、取引先の事務所や事業所、顧客の自宅、取引先、社用車や上司の自家用車内、歓送会などの宴会場等々も含まれます。

最近増加しているものに、マタニティハラスメントがあります。これは、妊娠や出産、または妊婦健診や産前産後の休暇をとったことを理由として、解雇されたり減給されたり、正社員からパートにされたりといった不利益を蒙ることで、すべて違法です。「女性は子どもを産んで一人前だよ」などの言葉も、ハラスメントにあたると思いますよ！

セクハラ・マタハラについては、男女雇用機会均等法で防止のための措置義務があります。また、パワハラなどに関しても、その被害者の救済と再発防止のため社内相談窓口を設置する会社が多くなりました。その窓口は当然ながら、以下の要件を満たしていなければなりません。

①相談を受ける人は人事担当や法務部などのそれなりの知識と見識がある人でないと意味がありません。

②相談内容の秘密が守られなければなりません。必要に応じて弁護士や医師などの協力を得ることも必要です。

③事実の確認をします。その際職場の仲間や上司からも聞き取りや資料の調査が必要ですが、相談者の秘密は保持されなければなりません。

④それらに基づき、行為をした者の処分を決定します。当然ながら、処分するためには、ど

のようなことをすればどのような罰を受けるのか、が事前に会社人全員に周知されている必要があります。
⑤相談者と行為をした者双方のフォローをシッカリする必要があります。
⑥そして「二度と起きないよう」に再発防止策を立てて社内に徹底します。

ハラスメントの被害に遭った人が、社内相談所窓口には相談したくない、相談すると不利益になりそう、相談したが満足できない、または相談した結果「自分の方が悪い」と言われた、またはそのように感じる、などの場合には、各都道府県の労働局相談所またこの本の最後に掲載する「日本労働弁護団」に電話しましょう。

ハラスメントが行われたと思ったら、①ハラスメントと感じた出来事が発生した日時②その場所、を特定し、③どのようなことを言われたのか、どのような行為があったのか、④その行為をした人は、または人々は誰か、⑤それを聞いたり見たりした人は誰か、をしっかりメモ・記録しておきましょう。そのメモや記録は社内外への相談の時も、万一裁判になったとき、何よりも被害を証明し、被害者の心身の健康を守ることになります。

5　教育義務

会社には「会社人」が労働契約上の職務がチャンとできるよう、教育や研修を実施する義務があります。先輩に指導を任せ、その先輩が「こいつはダメだ」といったことを理由としてその人を解雇したケースは、会社の解雇権濫用とされます。きちんと教育もしないで、または教育の方法も知らない上司から「ダメ」といわれクビではかないません。こんな場合、会社は他の方法で教育する義務があります。

とはいっても今の世の中、余裕のない会社が多くて教育などしていないのが現状でしょうね。「明日から、『会社人の常識』を使って勉強会をいたしましょう。もちろん、就業時間中に。もしも土日なら当然出勤手当を支給します」なんていう会社は少なくなりました。

「はじめに」にも書きましたが、私が以前ある会社で始めた「勉強会」に参加された人からは、今でも礼状をいただいたり年賀状の交換をしています。会社は「その仕事に必要なこと」はもちろんのこと、それに限らず、将来を考え、長期的視野に立って管理者育成などを実施すべきだと思います。私は、大学の社会人コースや専門学校に送り出している会社も多く知っていますし、効果ももちろん出ています。それで転職されたら？　小さいことは言わないの、社会投資です。

罰則規定（就業規則）

集団、チームには秩序を維持するためルール、しきたりがあります、そのしきたりに違反したら当然ながら罰があります。ヤクザなら「ユビヅメ」でしょうか?

でも、「何をしたら、どんな罪になるのか?」。小さい頃によくおばあちゃんから「人様のものを盗んだら神様から罰があたるよ」といわれましたね。でも今考えると、「キャンディー1個と自転車盗むのと同じ罰では、チョットおかしいのでは?」と考えますよね。そうです。どのようなことをしたら、どのような処分がされるかを、前もって決めておきましょう、となっています。どのような規則にどのような違反をしたら、どのような処罰があるか具体的に書いておきます。これが就業規則です。書いてないことは処分できません。書いてない処分もできません。

就業規則は周知義務があり、みんなが知っていなければなりません。

今日ではPCで社員番号を入れればいつでも見られるようになっている会社も多いでしょうが、以前は、いつでも、誰でも見られるように、冊子にしたものを全員に配布するとか、各職場(部・課単位で)に1冊壁などにかけてあったものです。

そして、その内容を改正する場合は、その会社の「会社人」に労働組合があればその組合の、なければ「会社人」の過半数以上の代表の意見をつけて労働基準局という役所に提出しなければなりません。もちろん、その改正したものを全員に知らせる必要があります。

①根拠があること

「会社人」の誰かを処分するには当然ながら、就業規則にちゃんと「こんなことをしてはいけませんよ」と明確に書いていなくてはなりませんよ、という当たり前のことです。

何かの犯罪でも、刑法に書いていないことを罰することはできませんし、書いていない刑に処することはできません。

②平等であること

その処分が全員に、同じ違反なら同じ処分・罪でないといけませんよ、という規則です。当然ですよね。「タナカのときは『口頭注意』だったがサイトウは嫌な奴だから『クビ』だ」では不公平で無効です。

③二重処分の禁止

法廷ドラマや映画などでよくやっていますね。「同じ犯罪で二度は裁けません。一事不再理です」というやつです。

一事不再理とは、「ある事件で判決が確定した場合、それ以降この事件について再度実態審理をすることは許さない」とする刑事訴訟の原則です。事後法・遡及処罰の禁止を規定した日本国憲法第39条を根拠としています。これと同じように、会社でも同じルール違反を理由にして二度の処分はできない、ということです。

④遡及はできない

これもよく法廷ドラマであります。パソコンがなかった時代には「会社のデジタル化された資料の無断持ち出し禁止」などは就業規則に書いてありませんでした。

ですから就業規則に違反根拠が設けられていなかった当時の罪を、今になって遡って処分することはできませんよ、ということです。「さっそく就業規則を直さなければ……」と思う会社もあるかもしれません。

⑤処分の妥当性

「悪さ」とそれに対する処分の度合・程度に妥当性がなくてはなりません。

「きみー会社のコピー用紙持ち帰りはやめろ！」は妥当ですが、そのことでいきなり「クビだ！」ではまったく妥当性はないでしょうね。

⑥手続きの妥当性

「きみー会社のコピー用紙持ち帰るの、これで20回目だろう、1カ月の出勤停止だ」

わかります。でも手続きが……。

そうですね。まず、懲罰委員会か労使協議会で事実の点検討議を行い、そのうえで本人の弁明の機会も設けなくては。

私の経験です。海外子会社に出向中に「それほど大きくない、でも見逃せないルール違反」をした人がいましたので、①ご本人に面談して証拠品収集への協力を依頼し、②現地調査し、③証拠品を揃え、④就業規則に従って労働組合委員長を入れた懲罰委員会を開催し検討、⑤その委員会へご本人を呼び弁明の機会を提供し、⑥証拠品収集への協力を勘案して処分を「けん責処分」と決定しました。

ご本人は以前労働組合の委員だった経験がありましたが「処分がこれほど就業規則の定めに従って正確に、順序正しく公平にされたことがない。もちろんその処分は謹んでお受けいたします」との言葉を残し、かつそれを組合大会で発表されました。この件は組合と経営者との信頼関係構築に大きく寄与しました。罪は罪ですが、「罪が活きた」のです。彼は現在、部長職で取締役も間近です。「処分」があり、反省し、その後成長したのです。ご本人にとっても会社にとっても、大変ありがたいことです。

●懲罰の種類

①戒告

将来を戒めます。始末書はなしです。「今後は気をつけるように」。

②けん責

始末書をとって将来を戒めます。将来の人事評価に影響する場合もあります。多くは次の賞与が少し少なくなるくらいですかね。

③減給

読んで字のごとし。給与がカットされます。ただし、1回の額は平均賃金〔↓176ページ～参照〕の1日分の2分の1以下で、総額が1カ月の10分の1以下でないとダメ。これも将来の人事評価に影響があるかもしれませんが、ご本人がむしろそれを糧として成長し、ご本人にも会社にも「いい結果」となることもあります。

④出勤停止や停職

雇用契約は継続していますが、仕事ができません。出勤もできません。当然ながら給与も出ない場合がほとんどです。大企業ではよほどのことがない限り、挽回は難しいかもしれません。このようなことにならないよう、本人は当然のこと、上司や仲間、会社も、もっと注意すべきでしょうね。

⑥降格

課長から係長へなど。当然ながら責任も給与も下がります。給与だけ下がって責任はそのまま、では違法ですから念のため。再起を目指して努力してください。

⑥諭旨解雇

「自己都合退職」となるように、退職届や辞表を提出するよう勧告し、即退職を求めるもので、出さない場合は懲戒解雇となります。

⑦懲戒解雇

予告手当も支給しないで辞めてもらいます。「ウチの会社」での会社人生活は終わりです。トランプ米大統領が好きな「You are fired!（君はクビだ！）」です。私物をまとめて会社を去ります。

●犯罪・違法行為を犯した場合

就業時間外や休みの日に、何かの犯罪・違法行為で逮捕された場合、このことを理由に懲戒処分ができるのか？　ですが、その犯罪の種類と罪の重さにもよりますね。

会社の名前が出なくても、マスコミで騒がれたり、痴漢などを犯して「会社の秩序を乱した」

「会社の社会的名誉と信用を失わせた」と判断されれば、処分はできるでしょう。

でも注意してほしいのは、逮捕即犯罪者ではないことです。これは、「推定無罪」の原則です。有罪判決が出るまでは無罪であり、犯罪者ではありません。ですから、逮捕即解雇はできません。また、無罪判決が出たり、無実が証明されたなら、名誉回復の申し立ても忘れずにお願いします。あなたのためはもちろん、他の会社人のためにも。

●「処分」が「おかしいな」と思ったら

どのような処分を受けても「納得できない」ときには、自分の名誉と人生のために、あなたの住んでいる地域の日本労働弁護団や労働基準監督署にまず電話で聞いてみてください。

「えー監督署？　弁護士団？」ではなく、電話代と「チョットの勇気」だけです、必要なものは。それであなたが助かるかも。またあなたに続く後輩たちを守れることになるのですから……。

さらに、懲戒ではないですが、最近増えている「会社の常識」に、①飲食店で食器を割ったら給与から差し引く、②遅刻したら「罰金５０００円」、③忙しい時はみんなのために休憩は15分だけね、みんな残業代なしで閉店までね、④仲間が困らないように代わりを見つけるまで辞められないよ、⑤仕事中に事故なんて君の不注意だから治療費は自分もちだよ。休んだ分は給与から差し引くからね、⑥ノルマこなすのは当然だろう、できないなら自分や家族・親戚に売れよ、

⑦ウチみたいな有名企業に入れたのだからサービス残業は当然だろう、などなどがあります。

これらはすべて間違い、違法です。でも、最近の会社人は「仲間に迷惑かけられない」「自分が悪いのだし」「みんなやっているし」「有名企業に入れ同窓会でも大きな顔できるし」と当然のように思いますね。会社はそれを利用しているのです。働いていて「おかしいのでは？」と思うことがあったら、この本の最後に掲載する日本労働弁護団に相談してみましょう。会社を、仕事を好きになり、やがて愛し、充実した人生を送るには、「おかしい常識」は変えなくては。変える勇気を持たなくては！

賃金（給与）とは

「働かざる者食うべからず」とくれば、「働いた者給与受け取る権利あり」となります。

今まで会社や会社人の常識をいろいろみてきましたが、一番気になる給与や休日がようやく出てきました。

「賃金とは、賃金、給料、手当、賞与その他名称の如何を問わず、労働の対償として使用者が労働者に支払うすべてのものをいう」と定義されています（労働基準法第11条）。が、ここでは「給与」で統一して説明します。

●労働の対償とは

労働の対償なんて難しい言葉ですが、働いた対価、働いた結果への給与・賃金という意味です。では次の「給与内訳」を見てみましょう。労働契約はその性格上、スマホのように売手と買手が同時に交換できないですね。労働を提供した結果として給与をもらいます。

- 基本給20万円
- 業務手当2000円＋地域手当5000円＋家族手当3000円＋残業手当1万円＝合計額22万円
- 所得税と保険料でマイナス3万1000円

差し引き支給額18万9000円（社会健康保険料、厚生年金料、所得税は結構高いです）。これらが、あなたの1年先輩の今月分の給与です（あくまで例ですよ）。

●各種の手当

「働いたことへの対価」といっているわけですから、働くかどうかに関係なく「もらえるもの」は給与ではないように思いますが、「就業規則」や「労働協約」（就業規則には載っていませんが労働組合と会社が合意した協定のことです）で「このような場合これだけ支給します」と定められていれば、次のようなものも「給与」となります。

①住宅手当

賃借マンションだともらえるが、持ち家だとダメだなどの規定が書いてあります。

②家族手当

扶養手当ともいわれますが、夫や妻、子どもたちで、パートやアルバイトで年間103万円以下（この上限を変更する議論があります）の収入しかない家族を養っている人に支給します（例えば、子ども一人目は5000円、二人目からは一人1万円、などと決めています）。少子化を考えるともっと出してもいいと思いますがね。

③通勤手当

通勤に必要なものです。定期代として現金でもらっても、会社から現物支給されても。

④皆勤手当・精勤手当

その月の出勤日を全部出勤した場合は皆勤手当がもらえ、無届けで1日や半日休めば精勤手当になります。もちろん、有給休暇の場合は「休み」とはなりませんよ。

⑤地域手当

例えば福島県に本社があり、日本各地に支店や工場がある「ウチの会社」の場合には地域によって物価が異なります。それを調整するための「手当」です。

⑥慶弔金

結婚祝い、〝離婚祝い〟(これはないか)、出産祝い、三人目なら少子高齢化防止に貢献したから10万円！　とか親・兄弟の死去の弔慰金などです。まあ、1～2万円ですか。

⑦賞与・ボーナス

会社人となったら賞与・ボーナスをもらうのが当たり前、とは言えないのです。

就業規則や入社前に交わした労働契約書、労働組合と会社で締結した労働協約書などに定められていなければ「当たり前」ではないのです。

入社前に説明を受けているならその書類に基づいて支給する義務が会社にあります。でも「いくら支給します」とは約束していないと思います。そのときの業績によって大きく左右されるからです。支給時期になると会社と労働組合や社員代表とが協議して決めます。

当然ながら「全員同額」ではありません。ここでも同期や後輩・先輩との間に差が出ます。会社は全会社人の総額でいくら、と提示してきますが、それを計算対象期間で大きな業績を上げた人や将来期待できる人、利益獲得に貢献した人に厚くし、そうでない人には薄く、平均の人には平均で支給するのです。その判断は誰が？　あなたの上司です。それが人事権です。

江上剛さんの著書『人生に七味あり』（徳間書店、２０１１年）にもあります。うらみ、つらみ、ねたみ、そねみ、いやみ、ひがみ、やっかみ、と。それにゴマすりや「派閥」もあります。

⑧退職金

生あるものはいつか死す。会社人にはいつか定年が来ます。定年前でも、転職やリストラされたり、起業したり。とにかく「ウチの会社」が明日から「ヨソの会社」になるときが来ます。そのときもらうのが退職金です。懲戒解雇以外は就業規則や退職金規定、労使協定書などの根拠に基づいて支給されます。

基本的には「最終基本給×月数」でしょうが、それにプラス貢献度を上乗せする会社もあり、その分差が出ます。これも、上司や会社が決めます。最後まで人間関係が続きますよね。

リストラなどの場合は「早期退職上乗せ分」が提示されることが多いですね。

なお、自己都合退職する場合は「月末付け退職」が好都合でしょう。なぜなら健康保険や厚生年金などはすべて「月単位」となっているからです。これらは会社人と会社が50％ずつ負担していますので、会社によっては会社負担を避けるため「月末１日前に退職してくれる？」となることも。セコイですよね。

●各種保険料

健康保険と厚生年金そして雇用保険料（失業保険とも言います）は会社と会社人が半分ずつ負担します。これが給与より差し引かれていない会社は、保険にも入っていないブラック企業ですよ。給与明細をよく見てみましょう。

たまに、会社はしっかり差し引いているのに、保険事務所に納付していない会社もあります。そうすると万一の場合保険も使えません。労働組合などを通じて保険事務所に問い合わせすべきかもしれませんね！

また、労働災害保険と言って、仕事中にケガや病気になったときの保険料は会社が全額負担しています。仕事が原因でケガや病気になれば、その医療費はこの保険が負担します。また、そのために休んでも、最初に休んだ日から4日目以降、賞与を除いた給与の80％は保険から出ます。その前の3日分や残りの20％の給与は、会社から支給されます。されなければ、労働組合や弁護士に相談しましょう。

●平均賃金

次のような場合に支給される手当の計算のもととなる給与のことです。

①解雇予告手当

懲戒処分のところで学んだように、解雇するには1カ月前に言うか、1カ月分の給与を支払わなければなりません。

②休業手当

働きたいと言っているのに、会社が次のような理由で「すみません、明日から3日間休みます」といったような場合です。

イ、親会社が買収されそうで混乱して注文がこないのです。
ロ、「ウチの会社」の「データ改ざん」がバレ、注文どころか返品の山でして。
ハ、無資格の検査員が最終検査をしていたことがバレ、生産中止で。
ニ、いろいろなゴマカシがバレて業績悪いので一時休業を実施いたします。
ホ、違法残業がバレて労働基準監督署から操業停止を勧告されて。

このような場合、手当の基準になるのが平均賃金です。その支払うときから計算して、前3カ月分の給与合計（ボーナスは除く）を3カ月の日数合計（出勤日数ではありません）で割ったものが、1日当たりの平均賃金となります。

なお、この休業手当は平均賃金の60％以上と労働基準法第26条に定めていますが、民法第53

6条の2項によって100%の請求権があることも知っておきましょう。「働く」意志があるのに、会社の経営・管理上の理由によるわけですから当然ですすよね。経営者さん、シッカリしてよ。

●最低賃金

これは一時間当たりこれ以下なら違法ですよ、という金額です。都道府県別に毎年発表されます。「ウチの会社」はどうでしょうか? 給与明細をチェックしましょう。

●時効

給与の請求権の時効は2年で、退職金の時効は5年です。犯罪にも時効がありますが、あなたの働きの報酬に対する請求権にも時効があることを知っておきましょう。

●所得税

国民は納税の義務がある、と憲法でも定めています。当然会社人も所得税を納めます。年間これくらいと推察して毎月引かれ年末にその過不足を調整します。

これを「源泉徴収」「年末調整」と言い、お国はしっかりとりはぐれがないようにしています。

それと、その年にローンで自宅を買った人や、病院などの医療費代が家族の分も含めて10万円を超えた人、または盗難や震災害などの被害を受けた人は「確定申告」をすることで税金が戻ってきますので、是非ご活用を！　詳細は税務署へどうぞ。

もう時効ですから私の罪を告白しましょう。33歳で財務の責任者となった会社には2人のシングルマザーがいて、毎年5～7人の新入社員が入ってきました。新入社員は4月から働きますので最初の年は「年末調整」ではほぼ１００％税金が戻ってきます。なぜなら4月からしか給与がありませんが、12カ月受け取るとの前提で毎月の源泉所得税を引いているからです。私は、若者に戻してもどうせ無駄遣いで消えるだろうと、その分を全員からチョットずつ削減して2人のシングルマザーに、私が退職するまで毎年、戻していました。「えー私税金戻るのですか?」「ハイ、税法の改正です」……。もちろん、会社全体ではチャンと全額納税していましたよ。念のため。

労働時間と休憩・休暇

会社人は、時間を会社に提供し、その見返りに給与（賃金）を受け取る契約をして働いている人々です。ですから、労働時間や休日をちゃんと決めておくことはとても大切です。現在の労働時間「1日8時間、週40時間」が労働基準法で定められたのは1987年、意外と浅い歴史です。それまでは「1日8時間、週48時間」でした。産業革命の地イギリスでは1日12時間労働だったようです。会社人の先輩たちは資本家と闘いながら少しずつ労働時間を短くしていったのですね。

ワークライフバランスが大事と言いながら、一方では「働く時間ではなく成果で」とか「年収1000万円以上の人には時間規制なしに」とか「残業時間月100時間未満で経団連と連合が決着」とか「兼業も認めよう」とか、もう無茶苦茶なことが進んでいます。

日本の長時間労働は「マジメな国民性」もあるでしょうが、やはり経営者と労働組合双方の質の低下が一番の原因と私は思います。あなたの「ウチの会社」はどうですか？

●法定労働時間

「労働時間」とは、労働基準法で「労働者が使用者に労務を提供し使用者の指揮命令に服している時間」と定義されています。要はこの時間、会社で決めたようにしなさいよ、でないと懲戒処分を受けることもありますよ、という意味も含んでいます。

ですから、現実に会社（現実には課長や部長ですが）の指揮監督下に置かれている時間で、実際に仕事をしていなくても仕事できる体制に組み込まれ、いつでも仕事ができるよう待機している時間も含まれます。作業服への着替えや、掃除・整頓などもそれが業務にとって必要なら、本来は労働時間となります（朝礼や体操への参加が強制されるなら仕事であると判例があります）。

みなさんの「ウチの会社」はいかがですか。

先ほど見ましたように、現在は、1日8時間、週40時間が原則です。

1日とは午前0時から午後12時までのことで、8時間とはその間に働く時間の合計のことです。でも深夜（夜の12時以降）勤務をする場合、暦日（暦の上での日で午前0時から午後12時まで）を超えて働いても、勤務終了時間が前日の勤務開始時間を超えない限り、同日内の勤務とみなします。

具体的に説明しますと、ある月の5日の午後7時から翌日6日の午前3時まで8時間働いたとしますと、暦の上では6日と7日の2日間働いたことになりますが、働きの終わりが働きを始めた時間である午後7時を超えていないので、働いたのは1日と見なす、ということです。

●残業手当と深夜手当

もちろん、1日8時間を超える残業や、8時間以内でも午後10時から午前5時までのいわゆる深夜労働については、25％以上の割増賃金を支払わなければなりません。

残業が深夜になった場合、残業代の25％＋深夜手当の25％＝50％以上の割増賃金を支払う義務が会社にはあり、「会社人」は受け取る権利があります。

割増となるのは、長時間労働を抑制して会社人の健康や命を守り、ワークライフバランスを確保するためなのです。経営者も会社人もその趣旨を充分理解して、1日8時間で「いい仕事」ができるようにしましょうよ。また、これらの割増率は、これ未満なら違法、という最低ラインで、これより上にするのはいくらでもOKです。次の労使協議会で、残業代30％増を要求しませんか。

●休憩時間取得の権利

会社は、労働時間が6時間以上8時間以下の場合は少なくとも45分間以上、8時間を超える場合には少なくとも1時間以上の休憩時間を与えなければなりません。この「休憩時間」とは会社人が権利として労働から離れることを保障されている時間をいいます。いつでも命令があれば仕事につける状態は、休憩時間ではなくただの「待機時間」です。休憩時間は会社人が自由に使える時間です。「休憩時間でも外出するなよ」は違反です。が現実は「サイトウ、すぐ戻ってこい」とスマホが……。一方で、「自由」だからといって、社内で許可もとらず「コイケ知事のビラまき」はやはりダメですね。

●有給休暇

会社に就職した日から6カ月を経過し、その間の労働日合計の80％以上勤務していれば、10日間の休暇を、それも給与をもらって取ることができます。これが有給休暇です。これはパートさんやバイトさん用にもしっかり規定があります。

年次有給休暇の一覧表を入れましたので、お時間あれば……。

●公民権行使の保障

この本執筆中に衆院議員の総選挙が行われていましたが、会社は会社人に対して、働くべき時間に（就業時間中といいます）投票に行ったり、立候補したり、議員に当選してその公務を遂行することを妨げてはならない、という規則です。その間の給与は出しなさい！　が原則です。

年次有給休暇の支給日数（パートタイムなどの場合）

1週間の所定労働日数	1年間の所定労働日数	勤続年数						
		0.5	1.5	2.5	3.5	4.5	5.5	6.5以上
4日	169－216	7日	8日	9日	10日	12日	13日	15日
3日	121－168	5日	6日	6日	8日	9日	10日	11日
2日	73－120	3日	4日	4日	5日	6日	6日	7日
1日	48－72	1日	2日	2日	2日	3日	3日	3日

年次有給休暇の支給日数（常勤社員の場合）

勤続年数(年)	0.5	1.5	2.5	3.5	4.5	5.5	6.5以上
有給日数(日)	10	11	12	14	16	18	20

土・日・祝日にも仕事をしなければならない人が増えていますが、会社は「みんなが投票できるよう」にシフトを調整するか、期日前投票ができるようにしなければなりません。

議員になれば「掛け持ちは」はチョット無理でしょうから、休職でしょうか？　いずれにしても、就業規則をしっかりチェックしてから立候補ですね。

●36協定（サブロク協定）

この頃ニュースでよく耳にするチョット悪名高きルールです。

「例外のない原則はない」とのたとえ通り、「1日8時間、週40時間」の例外があるのです。それも会社人にとっては迷惑で悲しい例外です。

労働基準法第36条に「使用者は、労働者の過半数で組織する労働組合がある場合はその労働組合、ない場合には労働者の過半数を代表する者との書面による協定をし、これを労働基準局に届けた場合には、原則的な労働時間を延長し、または休日に労働させることができる」と定めています。これが有名なサブロク協定です。この協定で原則的に延長できる労働時間の最大は、表の通りです。

36協定で延長できる最大延長時間

期間	1週間	2週間	4週間	1カ月	2カ月	3カ月	1年間
延長時間	15時間	27時間	43時間	45時間	81時間	120時間	360時間

しかしこの「例外」のまた「例外」がありまして……

例えば、「コウベ製鋼が品質ゴマカシで納期混乱しまして」とか、「ミズナミ銀行のコンピュータ故障でATMが使えず、全部手作業で」……などの場合は労使で協議し、時間を延長することができます。

わかりますが、そのようなことがないよう「しっかり経営しなさいよ」と言いたくなりますね。

●「ブラック化」する日本の会社・社会

私が働き出した頃も「モーレツ社員」「企業戦士」などの言葉がありました。また「滅私奉公」で私生活を犠牲にしても働け！　との雰囲気もありました。でもその見返りとして、毎年給与は上がる、ボーナス2回で家が建つ、ともいわれました。

今は違います。「働け、働け、働け。それもただで働け！」の世相です。

誰がこんな日本にしたのか？　我々は反省しなければなりません。

サービス残業や風呂敷残業

会社がタイムカードを適当な時間に押させたり、本当は夜10時まで働いていたのに「午後8時で帰宅した」と申告させることがあります。このような残業を「サービス残業」といいます。また、会社に残って働くと電気代や空調代もムダだ、と家に持ち帰って仕事をさせることを、「風呂敷残業」「持ち帰り残業」といいます。

もちろんどちらも違法で、残業時間がわかる記録が残っていればちゃんと残業代を請求する権利があります。また、休日に自宅にいても家族旅行中でもスマホやｉＰａｄに仕事が入ってくる時代です。どのような仕事を、いつまで、どこで、していたかの記録をしっかり残しましょう。あなたのためだけではありません。仲間や後輩のためでもあります。

過労死と生活残業

「電通」の過労死問題をはじめ、長時間残業が原因の「過労死」のニュースが途絶えることはありません。低賃金国との競争にさらされている今の日本。短期的な利益のみを追う、また社会的責任の自覚のない経営者がまん延する現在の日本の現状には本当に「ためいき」が出ます。

「会社人」のみなさんにお願いします。

働いた記録はシッカリ残してください。何時から何時まで何をしていたか等々を。

また、時間通りに仕事が終わらないときは、「自分に能力がないから」「自分が悪いから」などと自分を責める前に「なぜ？」と冷静に考えてください。納得できなければ、直ちに「日本労働弁護団」へ。それが、あなたの心身を守り、仲間たちの生命を救うことになるのですから。

しかし一方で、残業代がある程度ないと今の生活が保てない、という人々がいるのも現実です。残業があるのを前提にした生活レベルに慣れてしまい、残業代がないと困るという状態です。ですから必要のない残業「ダラダラ残業、付き合い残業」をして生活費を稼ぐ人も出てきます。これを「生活残業」といいます。

でもこれも「就業時間中は仕事に集中してください。その代わり残業なし。でも給与は上げます」とすれば問題解決です。実際、私は自分が取締役だった時代に実行し、「ダラダラ残業なし、定時終業、生産性向上、給与上がる」を実現してきました。やればできます。

こんな私でもできたのです。みなさんから経営者を働かせましょうよ。ダメな経営者を。

名ばかり管理職

マクドナルドをはじめ外食産業などで有名になった「名ばかり管理職」とは、労働基準法第41条に「事業の種類にかかわらず監督若しくは管理の地位にある者または機密の事務を取り扱う者は労働時間等に関する規定が除外される」（つまり、役職手当などをつける代わりに、1日8時間を超えても残業代は不要）と定められているのを悪用したものです。労働基準法でいう監督者や管理者とは、一般的には部長、工場長、支店長、店長など、労働条件の決定やその他労務管理について経営者と一体的な立場にある者、と解釈されています。極端に言うと人事権ありますか？ということです。雇用したり移動させたり、評価したりの権限です。しかしこの場合名称は管理職ですがその実態は普通の会社人と何ら変わらず、何の権限もありません。残業代なしで長時間働き、「過労死」した人まで出ています。課長さん、店長さん、「ウチの会社」はどうですか？

また、機密事務を取り扱う者とは、秘書室、人事部、総務部などで会社や組織内の機密情報を扱っている人々のことで、残業代の代わりに「特別手当」がついています。

有給休暇はいつでもOK？　買い上げOKか？

有給休暇は原則としては会社人が申請した時季（時期や季節）に取得できます。でもその時季が正常な会社の運営を妨げる場合は、会社は他の時季に変更することができる、とされています。みなさんが有給休暇を取りたいときは、他の人も取りたい時季です。全員同じ時季に有給休暇を取れば、仕事に影響が出ます。ですからどこの会社でも職場ごとにやり繰りや調整をしています。ドイツでは新しい年が始まって最初の仕事は、有給休暇の割り振りをすることです。もちろん急病や緊急時はいつでも取れますよ。日本でも、始めようではありませんか。

また、有給休暇を会社が買い上げるのは有給休暇を取れなくすることにつながるから違法です。まず会社は全員が有給休暇を全部使えるようにすべきです。それでも、残った場合で2年間の「時効期限」が過ぎる場合、または「ウチの会社」が労働基準法を上回る有給休暇を設けている場合で、その上回る部分が余った場合のみ買い取りができます。この場合は「平均賃金」〔→176ページ参照〕で買い取ってもらいましょう。

第6章

満足できる「会社人生活」のために

今までいろいろ見てきましたが、「会社人」となって「ウチの会社」で働けて本当によかった。これからも「ウチの会社」は、私のものです。会社はお金を得るだけの場所ではありません。やりがいや生きがいを求めるところです。そして、仕事を通じて社会に役立っていることを感じ、また自分も成長していることを嬉しく思います。これからも、正しい行動ができる恥ずかしくない会社人として成長していきたいです。そのためには間違った常識を「間違っている」と声を上げられるように学び、勇気を養っていきます。

新入社員時代の過ごし方

希望していた会社の会社人になりました。

ちょっと本命ではないですが……とにかく無事就職できました。

この本を読んでいたので、会社の権利も義務も、そして会社人の権利・義務も理解できています。ありがたいことに「ウチの会社」はブラックではなさそうだし……。

この章では、私の経験から「会社人生活」を有意義に、充実したものにするためのヒントをいろいろ申し上げることとします。

なあんだ、爺の自慢話か！　ではなく、「まーそのようなこともあるのか」とお考えいただければ嬉しいです。

●新人研修（ブラック研修にご注意を）

「サイトウさん、うちは羊さんだけでいいのです。上に逆らう者はいりませんので、そのつもりで頼みますよ」。ある会社の新人教育のご依頼時、人事担当専務取締役からのお言葉です。私は「申し訳ございませんが、私自身が〝ブラック・シープ〟ですし、羊だけでは会社は回りませんので、お断りいたします」。これで200万円の損失。

このような研修は一言で言えば「洗脳」です。その目的は「達成感」や「一体感」を感じるようになっています。でもその手段は異常なものです。休ませない、眠らせない、で思考を弱めます。自己否定させ価値観を壊します。外部との連絡を絶たせます。最後に会社の価値観、方針を刷り込みます。それを全員の前で大きな声で発表します。できない者は「そんなこともできないのか？　お前の人生は終わり！」などの罵声が出ます。

私が若い頃も「地獄の訓練」などと「地獄」が売り物の管理者教育学校が流行していました（今もあります）。30年ほど前見学にいきました。失礼ながら「軍人育成・愚人育成」と判断しましたので会社にその旨報告し参加をやめました。おかしいと思ったら、心身を破壊される前に、労働相談所にお願いします。

●三日三月三年

会社人になったら、3日目で辞めたくなります。「面接時の説明と違うじゃない」「研修のときの雰囲気と全然違う！」「こんな仕事できない」などなど。就職活動（就活）中に思っていたことと、実際が異なることに気がつき、辞めたくなります。

そして、それをなんとか乗り切りました。先輩の励ましで、仲間の励ましで。

3カ月経つと、自分の部署の位置づけがそれなりにわかってきました。「仕事」というものもそれなりにわかってきました。「私には無理だなー」「俺にはあんな飛込営業など無理だなー」「ウチの会社ヤバイかも?」ということで、また辞めたくなります。

でもそのうちに、「結構いけるジャン」「この仕事おもしろそう」となんとか乗り越えられます。しかし3年が経過すると「やっぱりだめ」「もうやってられない」と、また辞めたくなります。

この『三日三月三年』は、源氏鶏太という作家が1959年に書いた本で、ビジネス小説・会社人小説の先駆けといえるものです。今でいえば「半沢直樹」ですかね。私も若い頃読んで「なるほどな」と感じたのを思い出します。その主人公は確か「万年係長」で終わったと思います。なぜか? 仕事ができるのに「他人に見せてはならない、見られてはならない四つ顔」の一つを見たから。その四つとは①嫉妬している顔、②金を数えている顔、③異性と交わっている顔、④トイレでの顔、だったと思います。つまり主人公は、トイレでカギをかけ忘れた上司が大便をしている姿を見てしまったのです。その頃ですから、上司は和式便所で気張っていたのでしょうね。なんだかちょっと考えさせられる話ではないですか?

とにかく、これらの区切りには「もうダメだ」と感じるでしょう。それを乗り切ればなんとかなります。乗り切れたなら、その会社をステップにして上昇できるようになりたいものです。

●あなた方は赤ん坊です

入社3年間は昔から「ただ飯食い。しかも給与払っての」といわれています。その通り、赤ん坊と同じです。当然ですが仕事など何もわかりません。泣きわめき、ウンチを出して、熱も出ます、夜泣きもします。それを面倒見てくれます。親が手を抜き放置すれば死んでしまいます。新人教育も同じです。同じ赤ちゃんがいないように、新入社員も全員異なります。何もできないのに、文句と要求は一人前です。それを自覚し、1日も早く、おむつもとれ、離乳食となり、立ち上がり、伝い歩きをし、そして自分で歩き出してください。

でも「三つ子の魂百まで」といいますよね。今では幼児教育の言葉として使われますが、子どもは本能で、親は誰か、ミルクをくれるのは誰か、こちらの要求がわかるのは誰か、かつ、自分を好いてくれているかどうかを判断していると思います。

赤ちゃん嫌いの人が「かわいいですね！　ダッコさせて」と言っても赤ちゃんは急に泣き出します。本能でわかっているのです。あなたは赤ん坊です。「何もわからない、何もできない、お世話ばかりかけます」と謙虚に、しかし誰が一番自分を愛し、育ててくれるのか？　を、本能で感じ、観察すべきです。管理者は、先輩は、社長は、新入社員をそのような「温かい目で、長期的に」育てるべきです。昔から言うでしょう。「男子三日会わざれば刮目して見よ」と。男子のみでなく、すべての若者のことですよ。

●あなた方は一流選手を目指します

例えば、イチロー選手のことを考えてみましょう。彼は世界に通じる素晴らしい野球選手です。大きな外国人を相手にしての活躍ぶりは、同じ日本人として誇りに思います。それほどの活躍をするには、①野球を愛している②自分の仕事をするため、誰よりも真剣に練習している③小さな力でいかに大きな成果を出せるか、チームの勝利に貢献できるかを考え、工夫し、努力していることが挙げられます。

しかし、いくら彼が素晴らしい野球選手でも、まず、野球ができる舞台がなければ、そして、あと8人の仲間がいなければ、イチロー選手といえどもその素晴らしい才能と実力を発揮できるはずはなく、世間が彼を認める機会はありません。高額な収入も手にすることは不可能です。自宅で一人、バットを振っていても、1円の金にもなりません。

では、会社人はどうでしょうか。収入は、イチロー選手と比べることすらおかしいほど低額ですが、基本は同じだと思います。いくら〝いい〟営業ができる、経理ができる、研究開発ができる、機械加工ができる、といっても、それを活かす場、舞台がなければなりません。また、一人ではほとんど何もできません。会社という舞台と仲間（チーム）が必要です。

とすると、まず自分の仕事を愛さなければなりません。愛さなくても好きにならなければ。イヤイヤ仕事では失礼です、仕事にも仲間にも、何より自分に。ときには片思いのまま終わることもありますが、その場合でも、あなたの仕事に対する情熱は無駄にはなりません。別の仕事、「ヨソの会社」に行っても、必ず役立ちます。

仕事への情熱は「損得」ではありません。自らを磨き充実した人生を送るためのものです。計算づくし、見返り期待が見え見えでは「いい舞台、いいチーム」に巡り会うことはありません。

●新入社員も「プロ」ですよ

第2章でも触れましたように、私は1971年初め、アメリカのワシントンDCに留学しました。学資を稼ぐため結構有名なステーキハウスでウェイターの仕事を得ましたが、そのときの経験です。

初めから「私は今日が初日でして、学生のパートタイマーでして」という甘えは通じませんでした。店主も、仲間も、もちろんお客様も、みなさん私を「プロ」としか見てなくて「プロ」として接しました。

アメリカでは5人のお客様がくると全員異なるものを注文します。肉の部位や焼き方で焼ける時間が異なります。でも出すのは一緒でないと文句が出ます。子どもは当然最初です。カクテルも「私はドライで」「俺はオンザロックで」。もう好きなようにいいます。

お客様は空腹を満たすためだけに来るのではありません。その日同じ目的のお客様は2人といません。また同じお客様でも日によって要求が異なります。

あるお客様がナイフを落とされました。そのことが後ろを向いていてもわかるようになりました。「ウェイター、ナイフを」とのお声がかかる前に、ナイフ持参！「Oh, Thank you!」

料理はコックだけでは完成しません。ウェイターやウェイトレスが調理場カウンターからテーブルまで運ぶ間に「真心と、おいしく召し上がれ」との味付けをしてこそ完成です。

ある日、テキサスからのご一行が参りました。その一人から「これは私が注文した部位ではない」とのクレームです。私が間違いないですと説明しても「いや違う、俺の牧場は２０００匹の牛がいる。毎日牛を食っている。これは違う！」とのこと。そのやり取りをコック長に説明したところ調理場に連れて来いとのこと。ご案内すると、冷蔵庫を開けて「お客様、ここからご自分で納得いく部分を切ってください。その後ここで納得いくよう焼きますので」。

数分後できあがりました。「いかがですか？」「コレダ！」とお客様。「では、これと食べ比べてください」とコック長。「同じだな」とお客様。「でしょう。ご理解いただけましたか？　最初のも同じ部位をお出ししています」「わかった。私が間違っていた」。ようやく決着です。

アメリカは「食べることもプロだなー」と思いました。

２カ月くらい経過したときでしょうか。あるお客様が「最高の気分だノリオ」と20ドルの食事代に80ドルのチップをくださいました。店主に報告。「ようやく君もこの私のレストランにふさわしいウェイターだ」と、店主は自分のことのように喜んでくれました。彼は戦中日本軍捕虜となった経験があり、日本人に特別の感情をお持ちでした。彼にとっては私が最初の日本人使用人でした。そのことを辞めるときに初めて聞きました。何事にも公平な立派な人でした。

私にはこの経験で学んだプロ意識の重要性と誇りが、今もしみ込んでいます。

自己投資を忘れずに

五月病も乗り切りました。会社というものもようやくなんとなくわかってきました。

入社前に考えていた「ウチの会社」と現実は違っていたかもしれません。でももうこの会社は「ウチの会社」で、そのお仕事は「私の仕事」です。

その「ウチの会社」や「私の仕事」に恥ずかしくない「私」になるためには？　を研究してみませんか？

●嫌われてもやる

私の最初の仕事は「呉服メーカー問屋」の営業でした、と申しましたね。

その会社の営業は1年間荷造りを経験します。その頃は高価な反物も段ボールに入れ、荒縄やビニール紐で梱包していました。最初は「あほらしい仕事」と思っていました。でも1カ月もすると違ったものが見えてきました。

荷物の質・量や形で梱包方法が異なります。また、きれいで、どこからの荷か一目瞭然で判明し、先方様に到着しても荷崩れなく、梱包時と同じ状態を保つには、相当の工夫と熟練が必要なことがわかってきました。一見「クダラン」仕事でもよく見て考えれば「真の姿」が見えてきます。本気でない人には見えないのです。

それからが勝負です。毎朝、地方の呉服屋さんやデパートの呉服売り場には多くのメーカーから荷物が届きます。その際、「アッ、これはサイトウの荷だ」とわかるように仕立て上げる努力・工夫をしました。最初に私の荷物を開梱し、売り場に展示してもらうためにです。

そして夜は、反物についている符丁（反物の原価、通常販売価格、最低販売価格などを特別な文字と数字で表した暗号表）を暗記しました。また、休みをとり、先輩や出入りの業者に頼んで、染色方法や織りについての現場を見学・研究させてもらいました。〝ウチの会社の着物で日本中の女性を美しく輝かせてやる〟という思いを心に秘めて！

京友禅染と言いましても工程は10以上あり、絹織物と言っても千差万別です。それを「触っただけでわかる」ようになるのです。そのための修行です。まさに入社直後、イヤな先輩から「仕事の前に修行しろ」と言われた通りでした。

半年後「もう俺は営業に出られる」と自分で判断し営業担当常務に直訴。先輩や仲間からは、当然嫌われました。でも後には引けません。社長からは「きっとお得意様からは、見ない顔だなーと言われるから、九州支店で修行していましたと答えろ」とのご指導つきでＯＫが出ました。一番売れていない、影響の少ない兵庫県を含めた山陰地方を任されました。

２回目の出張でお得意先の県によって、あるいは海側か山側かでも、売れる色や商品が異なることに気がつきました。そこで、各県の商工会議所などで家族別、年齢構成、職業分布などを研究しました。その後は総務省が出す日本のデータ、世界のデータを使っています。ここには、年齢構成、所得構成、消費動向等々、本当に詳細にして貴重なデータが詰まっています。官僚は「日本の少子高齢化」など何十年も前から知っていたのです。

汽車（その頃はまだ機関車もありました）に乗っている時間や宿では経営者が読む新聞や雑誌、書籍を読み、彼らの思考を研究し、話題についていける努力もしました。

結果ですか？　大成功。仕事はチャンと応えてくれました。新規開拓も売上も大きく伸びました。あるお客様は出張のたびにご自宅に泊めて、いろいろ人生を教えてくださいました。先輩たちや仲間に嫌われましたが、「任せてくれた」社長や常務への感謝も忘れず、恥をかかさないよう、また恥をかかないよう新しい情報収集と研究で結果を出しました。

●必要を読み取り学ぶ

学校を卒業したから「勉強は終わり」ではダメです。これからの方が勉強しないと。それも暗記一本の受験・試験勉強でなくて「知恵と教養」のための勉強です。

私の山陰地方の旅は続きます。

汽車の中での勉強は経営書だけではありません。漢語や哲学書も読みました。おもしろかったのは「イソップ童話」です。わからないところはお客様に、人生の先輩に尋ねました。その中にその頃の山陰県服連盟会長の人がいました。半年間、世間話のみで「買ってください」と一言も申しませんでした。話題は人生、読んだ本、世の流れやこれからの生き方等々のみです。そのうち、私がまだ北九州を回っているとき会社にこられ大量のご注文をいただきました。私がいないときに私を認めた、とのご注文。ニクイご仁ですよね。帰社したときの社長の笑顔が忘れられません。

そしてアメリカ留学から帰国して最初の会社。ここでは先輩を飛び越え33歳で財務・経理を任されました。関連会社も含め年商20億円でしたから私の前を合計40億円が行き来していたことになります。２００名の生活もかかっています。なんか偉そうに！　と思われるでしょうが、心からそう思っていたのです。

ですから、法人税法、民法、商法等々、教科書を買って勉強しました。私は長い「会社人生活」で残業をほとんどしたことがありません。しかも酒も飲めませんでしたので、夕食後遅くまで勉強しました。その結果は仕事に直結です。嬉しいですね。

またコンピュータが普及し始めた頃でした。IBMからいろいろ教えていただき、経理や給与計算に導入し合理化もはかりました。後日この経験が名古屋の会社に取締役としてきたとき大いに役立ちました。

私は、今の「グロービス経営大学院」がまだ学校法人になる前のNBAコース第一期生（修了証番号8番）です。その頃は教材もすべてハーバード大の英語だった時代、自分で学費も出し（10人の仲間で私費は私だけで一番年寄りで、創設者の堀代表も含め全員から「お父さん」と呼ばれていました）、名古屋から東京まで通学し、財務、マーケティング、人材活用を学びました。それを会社の管理者教育に活用しました。

その他、おもしろい！　と思ったセミナー、見本市、講演会、なんとかフェアなども私費で出かけ、いろいろなことを学びました。年間給与の5％から1割は自分教育と社会貢献に使いました。1990年からNGOにかかわり94年から15年間代表も務めました。

「仕事人間」でしょうが、「仕事だけの人間」ではないように生きてきました。

みなさんも「自己投資」を忘れないようにお願いします。

お金がなければ、公立図書館もあります。ネット勉強もできます。弁解は結構です。前進するのです。何か方策はないか？　を研究するのです。それもまた自分の財産として残りますよ。

●違った目で見てみる

1968年2月、佐世保《させぼ》に初めてアメリカ海軍の原子力空母「エンタープライズ」が入港しました。左派政党や学生運動家の大反対の下で。

その頃九州支店もカバーしていた私は「現場視察」に出かけました。街は反対派と九州各地から駆けつけた機動隊の衝突で、まさに（弾は飛び交わないですが）「市街戦」でした。その日の宿も反対派の学生でいっぱい。入港を山の上から見ましたが、まるで島が動いているように思いました。隣にいた学生さんに何が問題なのかを聞いてみました。出た意見は、「ベトナム戦争の基地になる」「非核原則に反する」等々、新聞にある記事と同じでした。私は、「相手は軍艦・軍人でしょう。街で反対運動していても止められませんよ。漁船でも借り上げ、体当たりして人が死ねば、入港を諦めるかも」「あんたも過激なこと言うな！」

出港したら日本海に出て対馬《つしま》海峡を通る、それも反対しなければ！　と聞いて「ではその反対運動にも参加したら？　一緒に行こうか？」で博多から船で対馬の厳原《いづはら》町（現・対馬市）に渡り、あとはバスで最北端の比田勝《ひたかつ》まで2日間。釜山が遠くに見えました。その間を島のような「エンタープライズ」がゆっくりと。私は政治や外交のことはよくわかりませんでした。でも選挙権もない頃から、江田三郎《えださぶろう》（1907〜1977）の演説を聞いて、「平和憲法は守らなければならない。そのためにはシタタカな政治力・外交力が不可欠。共産主義と資本主義のぶつかり合う現場はどうなっているのか？」との疑問をもちました。それもヨーロッパのヒッチハイクへと私を誘った要因の一つです。翌年、横浜からロシア等の旧共産主義各国を経由しヨーロッパに入り、とりわけ東西に分離されていたドイツ、ベルリンで、「その現場」をしっかり観察しました。また帰路ギリシャ・エジプト・インド・タイ・香港・返還前の沖縄に立ち寄り文明の違い、それにベトナム戦争や冷戦が世界に与える影響の違いなども肌で感じることができました。

会社ですか？「新規開拓で対馬まで行ってきました」との営業報告をしました。帰路に実際何軒かの呉服屋さんを訪問してきました。でも部長からは、「新規開拓しても毎月誰がいくのか」と言われ、終わり。

でも、初めての対馬訪問で、この地域の歴史や朝鮮半島の影響、とりわけ雨森芳洲《あめのもりほうしゅう》（1668〜1755　江戸時代中期の儒者・外交官）を知ったことは大きな収穫でした。

ついでに申せば、孔子（前552〜前479　中国・春秋時代の思想家。儒家の始祖）や老子（生没年不詳　中国・春秋戦国時代の思想家）などは多くの社員教育で取り上げています。でも私はそれにプラスして、韓非（前280？〜前233　中国・戦国時代の法家）の著した『韓非子』や、ニッコロ・マキャヴェッリ（1469〜1527　イタリア　ルネサンス期の思想家）についての著作などもお薦めします。異なった見方が理解できます。ぜひ読んでみてください。

充実した会社人生活を送るために

放電ばかりではダメです。常に充電してください。スマホも充電を忘れていると大事なときに、いざというときに使えませんよ。

前にもいいましたが、学校を卒業し「会社人」となったら猛勉強とはサヨナラだ……と考えているなら「甘い！」ですよ。学校の学問だけでは、会社人は務まりません。

銀座のホステスさんは、毎日新聞各紙を熟読し、なじみのお客さんの会社について熟知する努力をしています。それもすべて自費ですよ。これを見習うのです。

今は相当の調査や研究はインターネットでもできますが、できれば書物をお薦めします。買わなくても図書館に行けば、たいていのものが揃っています。気に入ってメモを入れたければ、買えばいいのです。

まず、「ウチの会社」を研究し尽くしてください。「ウチの会社や商品」を愛することができるまで。自分が愛せない会社の、自分が愛せない商品やサービスを、自信をもって誰に売るのですか？　誰に提供するのですか？

何を作っている会社で、その材料は何で、(国や地域も含めて) どこから仕入れて、どこへ販売し、どのように役立っているのか。そして、その業界の中で、「ウチの会社」はどの位置を占めているのか。業界はどのように変遷をしてきたのか（できれば過去30〜50年くらいは調べるべきです）。そしてどう変化しているのか。

次は自分の部署のことです。「ウチの会社」の中で、何をしているのか。なぜ、この部署が必要なのか。会社全体でどの位置にいて、どのように役立っているのか。

メーカーの経理部門なら、少なくとも簿記2級は挑戦しましょう。

総務や人事部門に配属されたら、労務管理士を受験する必要はありませんが、労働関係法や年金法などを勉強しましょう。受験用教科書を調べます。

営業部門に配属されたら、「ウチの会社」の製品はもちろん、競争会社の製品も徹底して調べます。今の市場では、どこが一番で、なんでか？　そして顧客や市場を知るため、販売管理や心理学を研究します。なぜ「ウチの製品」を買ってくれるのか、買ってくれないのか。

研究部門に配属されたら、専門誌は当然自分で購読します。ゼミの先生を定期的に訪問し、市場の流れを報告し、見返りに研究課題を教えてもらいます。

製造現場に配属されたら、徹底して現場で最高の職人さんを研究します。道具や設備も調べます。なぜその設備なのか、道具なのか。

すべての「会社人」にいえることですが、「ウチの会社」の業界や、周辺業界については、専門書や業界紙・業界雑誌は自己負担で購読します（あなたの部署には揃っているでしょうが）。投資ですよ、自己投資。

新聞などでおもしろいセミナーを見つけたら、自費で参加しましょう。「休みは、朝からビールで昼はパチンコだけ」は悲しいことです。業績不振になったら直ちにリストラ〔↓第4章141ページ参照〕候補者名簿に載りますよ。

個人の名刺を作ることもおすすめします。

私は、ヒッチハイク時代から個人名刺をもって、お会いした人には「日本にお越しの際は……」とお渡しししていました。また、名古屋に引っ越してきたとき、1人しか友人、知人がいませんでした。ですから、いろいろな会合やセミナーに進んで参加しました。そして、会場では真ん中に座り、周りの人々(前後左右だけでも4人です)に名刺を配りました。会社のではなく個人の名刺を。仕事の名刺で知り合った人々は、会社を辞めれば付き合いは終わります。個人の名刺を出して親しくなった人とは、いつまでも友人でいられます。今も年賀状をいただく方の50%は、そのような人々です。

こうしたお付き合いは人生を豊かにしてくれます。心も豊かになります。ですから会社で嫌なことがあっても、これらの人々と会えば忘れることができます。友人は人生の宝です。「ひと財産ではなく人財産」です。

しかも、それらの人々もどこかで、いつか、仕事に役立つかもしれません。私の会社が1995年、中国へ進出した際、ある化学薬品が入手できず非常に苦労しました。そのときこのようにして知り合った友人から非常に有用な情報をいただき無事合弁会社を設立し、軌道に乗せることができました。会社周辺の人間関係だけではそのようなことは不可能でした。でも初めから「利用できるネットワークを」の魂胆では友人にはなれませんよ、念のため。

名刺など安いものです。今ならソフトを買えば自分でユニークな名刺を製作できます。ネットで買っても2000円前後です。

平社員のときは主任とか係長として、主任や係長になったら課長、課長になったら部長、部長になったら取締役として、というように、常に一段高い立場で、仕事を考えることです。そうすれば上司がよくわかります。また、自分も成長します。

一段上の立場で「ウチの会社」を常に観察し、考える習慣をつければ、「ウチの会社」がよく見えてきます。いい面も悪い面も。そうして気がついた点を記録し、悪い所は、どうすればいいのかを研究し、対策を立案してみます。

これらの記録や計画が日の目を見なくても、後輩育成に役立ちます。

毎日の仕事で気がついたことや改善したこと、何か新しいことを命じられ実行し、成功したこと、失敗したこと。いろいろな事象をそのときの自分の気持ちとともに、記録しておきます。

特に失敗時のことは役立ちます。なぜ失敗したのか、その失敗から何を学んだのか。その失敗をどう活かしたのか、活かさなかったのか。

今まで述べてきたことは、すべて、あなたの財産となります。万一、「ウチの会社」が「ヨソの会社」になっても、職務経歴書に書けます。

そして面接では、自信をもって対応できます。

なぜなら、あなたはもう社畜［→第1章19ページ〜・付録251ページ参照］ではないからです。

「危機」や「現場」から学ぶ、「部署」を越えて学ぶ

「ウチの会社」に入社して定年まで勤めます。というのは希少価値になった今日ですが、私自身は何度も転職しています。会社が変わるたびにそれまで学んだことを活かしてきました。「時代がよかったのですよ」と言われれば、そうかもしれません。でもちょっと聞いてください。何かのお役に立てるかも。

●「ウチの会社」の危機

対馬でエンタープライズを見た2カ月後、会社の危機を麻雀を教えてくれた先輩係長から聞き驚きました。ある日彼から「今夜サイトウの家へ行くから」と言われ待っていますと、営業事務のちょっとコワいしっかり者の女性を連れてこられ、それから3人で1週間ほど密会が続きまし

た。まるで梁山泊です。最初に「これからのことは誰にも漏らすな。寝言でも話すな」と約束させられました。そして、次のようなことを話し合いました。

①会社は倒産の危機にあるが投資する人があり、彼が納得すれば回避できる。

②この件は各支店も含め3日間で全員知ることになる。

③4日目に社長から全員に報告と再建協力依頼がある。

④それまでの間、混乱・事故・不祥事がなく社員がまとまれば、投資され再建できる。

⑤その女性には、伝票と商品が合っているか、不審な売掛や回収漏れがないかを厳重にチェックする旨の指示。私には荷造り場に張りついて、商品の不正発送がないかのチェック。ご本人は一日中在庫と人の出入りの監視。なぜですか？　――このような事態になると、「浮わつき、商品の不正持ち出し、回収した売掛金を着服する者が必ず出る」、それでは再建はできない、とのことでした。

⑥それと翌日は出荷が始まる前に法務局へ行き役員の自宅の土地と建物の登記簿の閲覧を指示されました。なんと、営業担当常務の自宅のみ数日前に奥様の名義に変更されていました。その先輩は常務に「お前が一番に逃げて再建できるか！」と罵倒し登記を元に戻させたと後日報告がありました。人間の本性をみました。

⑦ありがたいことに3日間社員の不正はありませんでした。

⑧4日目、社長から説明と協力依頼があり、そこで私は「社長が再建できる自信があるなら

ついていきます。それまで給与も通勤費もいりません。歩いてきます」と生意気な発言をしました。が、それで流れができて、全員うなずきました。

⑨翌週月曜日、名古屋の大手メーカーの社長が来て、70人全員を並ばせ一人ひとりの目を見て回られた後「この会社は潰れん！　社員の目が活きている！　経営者は抵当だけ出せ、金は社員に貸す」とのお言葉！　やったー、です。

それから全員本当に「ガンバリ」ました。秋には危機が去り、年末には借金も全額返済。でもある日、先輩が「再建できたが、ただの係長なのに俺はやりすぎた」との言葉を残し、去っていきました。出張時に読んだ桶谷繁雄氏の『欧州スクーター旅行』(毎日新聞社、1958年)に感化されていた私も、「早晩俺も疎んじられるだろうな」と思い、1カ月後退職しました。そして翌年ヨーロッパへヒッチハイク旅行。友人たちからは「お前はアホやな」と言われましたが、その「アホな行動」がきっかけでアメリカに留学でき視野を広げることができました。人生を豊かにし、充実して過ごせるよき転換点となったのです。

この会社で、私は若くして非常にいい経験をさせていただきました。人間の悲しい面、ズルイ面、寂しい心、嫉妬の心、卑しい心、集団の力、信頼の力、会社愛、仕事愛、仲間愛、会社人の力などなどです。

●他部署の研究とネットワーク

会社には見える組織と見えない組織があります。

何のことか？

会社はチームで動いています。組織には組織図というものが必ずあります。社長が一番上でピラミッド状になっています。

私の「会社人」としての最初の会社は九州支店があったといいましたよね。支店長が一番上ですが、すべてを仕切っているのは「事務の女性」でした。ということは支店に行き、ラクして仕事しようとすると彼女の協力なしでは仕事はスムーズにいきません。組織には、「組織図にはない組織」が存在するのです。彼女からは仕事以外にも、博多言葉や九州各地の方言と文化の違い、などなど多くのことを学びました。今でも年賀状のやり取りをしています。

次に転職して名古屋に来た会社でのことです。経理課長ですから当然経理部に配属です。でもその会社の製品・商品を知らなくて本当の仕事はできません。

まず開発部門。何を・なぜ・どのように・どのくらいの期間と予算で開発しているのか？　を知りたい。でも部長さんは「忙しい」で終わり。そこに万年係長さんが居ます。彼なら時間もあり、何より部署内の力関係を熟知しています。ですから彼について歩けば全員心よく教えてくれました。組織図では下の方ですが「見えない組織図」ではそこの「大将」です。ちなみにこの方、沢田研二さんの歌が上手で、絶唱時は若い女性の人気のまとでした。

次に営業部では、どのような商品があり（ちなみに色番違いも入れると1000以上ありました）どの地方が強くてどこが弱くて、それによる販売価格の違いは……。ここでも社長から嫌われていたご仁にお願いしました（トップに嫌われている人は往々にして部署内では人気があります）。ここでも見えない組織図があります。

わかりますか？　わからない？　そのうちわかって参ります。これは、200人の会社でも2000人／5万人の会社でも同じです。大事にしてください、裏稼業ではなくて裏ネットワークを。特に、女性のネットワークはすごいですよ。

●社内の「勉強会」や「研修会」も活用しましょう

「地獄の特訓」の話をしましたが、そのような会社ばかりではありません。

私の時代でもMBA留学や税理士・公認会計士の資格を会社もちで取得させる、という会社もありました。その代わり、取得後は少なくとも3年間は退職しない、または退職するなら資格取得費用は返金するなどのルールで。

今はもっと広くなっています。例えば美容師さんには介護やエステの資格をとらせ、独立時には介護施設へ出張美容ができるようになど、幅を拡げ他との差別化を図れるように育成しています。

新入社員全員に、会社負担で簿記3級や2級をとらせ、現場でも原価計算ができるようにしている会社もあります。「経費削減・生産コストを下げよう」などといっても仕組を知らないのとわかっているのとでは、大きな違いがあります。これらの会社は「自主性」を大事にしているのです。「命令」ではなく「命令」の前に「自主的に動く」ことを期待しているのです。私が工場の責任者となったとき（また自慢！　などとは言わないで聞いてくださいよ）、それまで経理部門で計算していた「工程別原価計算」を工場でできますよ。誰か手を挙げてください、一緒に研究したい人！　と募りました。若い女性が手を挙げました（なぜか、改革とか改善とかは女性の方が早くて積極的ですなー、男性諸君！）。私は概略だけ説明しただけですが、3週間後エクセルで完璧なものができました。全員大拍手！

翌月の初め彼女と同行してその原価を私の古巣、経理部門へ持参しました。たぶん、自分らの仕事を盗られたとか、素人に何ができるか、と言われるだろうなと予測していましたが、当時の課長さんが「すごい！　よくやったね」。ここでも驚きと大きな拍手！

部署間を越えて評価し合う「いい会社だなー」と、思わず涙腺がゆるみ……

●「補欠」でも腐らない

野球でもサッカーでもチームでやるスポーツは、メンバー全員がベンチに入れる訳ではありませんよね。会社でも日の当たる部門・部署・役割と、そうでないものとがあります。野球の「補欠」になったからと、練習をさぼっていてはいつまでもレギュラーにはなれません。会社も同じです。

そのようなときこそなぜダメか、何がダメなのか、どうすればいいのかを研究し、その解決に取り組むのです。

中国子会社を設立してそこの責任者となったときのことです。本社では「ダメ」との判断が出ていた技術者を、チャンスをもう一度と思い同行しました。最初は本人もそれを知っていて、どうせ辞めるのを待っているのだろう、とクサッテいました。でも赴任後は、中国の材料や製品を自分で研究し、日本製との違いとその「活かし方」を考え出し報告書にまとめて提出しました。それを基に会社は新規市場に進出し、今では大きな市場に発展しています。その方は、現在は技術系では最初の現地法人のトップで約200名をまとめておられます。業績ものびています。

どこを守らせても、何番を打たせてもダメ、と思っていた選手がある日監督に就任されたようなものです。会社人としては花が咲きませんでしたが、社長としては大輪を咲かせているのです。

ダメと思っているあなた！　そのようにならないと断言できますか？　腐らず自己投資を続け

ようではありませんか。「人間万事塞翁が馬《じんかんばんじさいおううま》」ではないでしょうか？

●「性善説」と「性悪説」

人間は生まれながらにして善である。いや生まれながらにして悪である。……どちらでしょうか？

私のヨーロッパヒッチハイクの話はもう何度も出てきていますが、ロシア経由で最初の地はオーストリアのウィーンでした。今もそうですが、トラム（市電）は2両編成で前の車両は定期か切符を持っている人が、後ろは切符のない人が乗り、車掌がチェックにきます。では私のようなヒッチハイカーが前の車両に乗れば？　そうです無賃乗車できます。これは性善説に基づいているると思います。ドイツ語圏はどこも同じシステムです。

会社もいろいろな規則がありますが、私は「長年の会社人生活」から、性善説でないとスムーズな運営ができないと思います。労働基準法、労働契約法、就業規則等々ここまでいろいろ法律や規則も見てきましたが、すべての事象を法律や規則に定めるのは不可能です。例えば、会社側からの一方的な内定の取り消しに対する判決でも「客観的に合理的な理由が存在し社会通念上相当と認められる」とか「公序良俗に反しない範囲において」認められる。などと言われてもさっぱりわかりません。

ですから、会社は良識に従って性善説で会社人を管理監督し、会社人は会社側、つまり社長をはじめ部課長たちはその良識に従って判断している、との前提で自らの行動を律するのでないと会社はスムーズな運営ができないと思います。

規則、規則では息が詰まります。ですから何がダメで何がいいのかを判断する良識を養い、そして悪い、と判断したことは絶対しないという勇気を持ってください。

万一、それでも会社からクレーム・文句などが出れば、その根拠を出すよう要求し、納得できなければ、何度も申しますが「日本労働弁護団」へ相談をお願いします。

ドイツ語圏の市電も無賃乗車が見つかれば運賃の10倍や500ユーロといった罰金が課されます。会社も会社人も、性善説を破れば大きな罰則と後悔が待っていますよ。

●仕事上の不正に時効はない

神戸製鋼所、日産自動車、三菱自動車、東芝等々。会社の不祥事が止まりません。

これらの不祥事になんの関係もない会社人には本当にたまらないことです。

過労死、違法残業、違法労働、脱税行為や不正経理。会社人による横領などの仕事上の不正行為には時効はない、と私は思います。なぜなら会社は永続することを前提につくられ、それを前提に運営されているからです。そして、そのために各種の重要記録は永遠に保存されるべきですし、保存されています。それを基礎にして「社史」などが編纂されるのです。業績が悪化します。そのとき「ウチの会社」の過去を振り返ります。どのような危機をどのようにして乗り切ってきたのか？　を調査し学びます。例えば、コカ・コーラは、企業アーカイブを持っています。それで過去を知り、新しい発想につなげているのです。その調査段階で過去の不正や不祥事が暴かれることがあります。

私がかかわった仕事の記録はすべて、永遠に保存されることを前提にして、「誰が」「いつ」「なぜ」「何のために」がわかるように作成してきました。必要に応じて書類の隅にメモを残してもいます。

●モンスター社員にならないで

ブラック企業の会社人版はモンスター社員でしょうか？

自らの責任は果たさず、権利！　権利！　ばかりを要求する会社人！

ブラック企業は、各種の規則を会社のいいように解釈していましたね。例えば管理者となれば残業代はいりません、という規則を悪用して「名ばかり管理職」にして残業代を払わないなどです。会社人側からすると、

• 有給休暇取得の権利がある、と勝手に連絡もなく休む。では他のみなさんは？

・残業は体に悪いので、と理由もなく一切しない。でもその分他の人に負担が。
・部長がちょっと注意したら、次の日親から文句が。親は「ウチの会社」では働いていないでしょう。
・その他、就業規則などを自分のいいように解釈して権利ばかりを主張します。その分仲間の誰かが損して負担していることを思い出してください。
でもこのような会社人が出てきたのも、ブラック企業が続発する世相だからでしょう。寂しいですね。会社も記録をしっかり取っていますよ、モンスター社員さま！

個人の力と団結の力

みなさんは「ロウドウクミアイ」とか「ダンタイコウショウ」という言葉を知っていますか？会社人と会社の雇用契約は双方同等の立場で取り交わしたものと、ここまで何度もみてきましたが、では会社に入り会社人となっても会社と同等の力関係なのか？　というと残念ながら違います。そのあたりは就活中の学生さんにもわかりますよね。会社はなんとなく一人の会社人よりは力がありそうです。会社は儲かっているのだから給与を上げてほしいな、違法残業させないでほしいな、チャンと有給休暇も欲しいなーなどなど、思っていても課長に？　部長に？　まず要求していく場所も人もわかりません。聞いてくれたとしても「何を君は言っとるのか。それよりもっとしっかり仕事しろ！」などと言われたら終わりです。

では同じ課の全員で押しかけ「聞いてもらえないなら全員明日から休みます」。課長は「わかったさっそく部長と相談して検討するわ」となります。

これが団結の力です。会社人一人ひとりは弱いのですが、団結すれば強くなれます。

●労働組合（ユニオン）とは

「勤労者の団結する権利及び団体交渉その他の団体行動をする権利は、これを保障する」この憲法第28条の条文は、会社人は誰でもどこからの許可もなく労働組合をつくることができますよ、そしてその組合は会社に交渉を求める権利を憲法が保障します。と言っています。

なんだかすごいことを憲法は定め、保障しているのですが、残念ながら会社人の現状は、パート、アルバイト、派遣さんなどが増え、個人主義が進んで団体行動なんて「ダサイ」となり、さらに、労働組合自身の努力不足で、労働組合の加入率が急減しています。２０１６年度で17・3％（全体の会社人に対する労働組合加入者の割合）です。私は、これは労働組合のまとめ役である「連合」などがその役割を果たしていない、あるいは、果たしてはいても努力不足であることが大きな原因であると断定します。

日本で労働組合への加入率が高いのは、高い順にガス・電気、金融・保険、公務員、大手製造業です。これは、学生さんに人気の高い順でもあります。

やはり労働組合には、その必要性と有用性をもっと宣伝してほしいものです。パートさんやアルバイトさんでも組合をつくることができますよ、念のため。

●労働組合は会社側にも有益です

「労働組合は第二の監査役です。そのつもりでわれわれの経営を厳しくチェックしてください」。私が初めて取締役に就任した会社で、労働組合との労使協議会の場で最初にお願いした言葉です。

最近、企業の不祥事が多発していますが、私は労働組合は何をしてるの？　と訊きたいです。第1章「会社は誰のものか」で見ましたように、法的には会社は株主のものです。でも、日々の経営は取締役やその経営ぶりを見張る監査役たちに一任されています。

監査役は、経営が各種の法令にしたがってなされているか？　ゴマカシはないか？　などを監査する役目です。会社人から言えば、違法残業とか名ばかり管理職がないか、最低賃金以下で働かせていないか、給与の昇給は、賞与は適切な額か、などを通じて「ウチの会社」は適切に経営されているかを監視・監督するのが労働組合ですよ、と申し上げたのです。そのことを理解し、われわれとは異なる目でしっかり監査してくれれば経営者としても誇りに思える会社にできます。

また当然ながら会社人も満足できます。会社が繁栄しないわけがありません。そうです、労働組合は経営者にとっても有益なものなのです。

でも残念ながら最初は不可能でした。持株会があり会社から株主報告書を提出しているにも拘らずその読み方、内容が全くわかっていませんでした。それで労働分配率をはじめ会社の経営成績や財務内容がわかるはずがありません。後日労働組合の役員を集めて、その見方と問題点の出し方の勉強会を実施しました。

今の労働組合でもそれをわかっている人は少ないのではないでしょうか？　でないと安倍内閣が打ち出す残業時間１００時間未満ならＯＫにしようとか、内部留保を取り崩して給与を上げよう、などという「アホな」ことを言うわけがありません。会社は今儲かっているのですから残業はゼロで社員を増やせとか、内部留保する前に賞与を出せというべきです。

とにかく労働組合は会社人だけではなく、会社側にとっても有益なものです。現にドイツでは労働者の代表が監査役に就くことが法律で定められています。

●団体交渉権があります

労働組合には会社側に対して、団体交渉を要求する権利があり、会社はこれを断ることができません。当たり前ですよね、憲法が保障しているのですから。

では何を交渉するかといえば、会社人の権利・義務に関することであれば何でもOKです。給与の値上げ、残業代をごまかすな、違法残業をやめろ、通勤費は全額出せ、福利厚生を充実させろ、男女の給与差や昇格差をなくせ、残業代は25%ではなく40%にアップしてよ、等々です。

しかし、会社に決定権がない政治的なことや、「経営専権事項」といって誰を社長や工場長にするか、人の移動や出向（不当な場合は当然本人も、組合も口出しできます）、不況によって支店を統合する、昨日までの競争相手と合併する、などについては、団体交渉の議題にはなりません（例外もありますので、おかしいと思ったら「日本労働弁護団」へ）。

また、「誠実交渉義務」といって、会社側も組合側も、団体交渉には誠実に取り組まなければなりません。予定を入れてあったのに社長が急に出席しない、資料を出さないなどといった対応は許されません。

●企業内組合とユニオンショップ

日本では会社ごとに組合があります。それを企業内組合と言います。アメリカなどでは産業別組合となっていまして、会社の枠を超えて車産業なら車産業全体で一つの組合をつくっています。日本でも、日本航空には六つの組合があるように、一つの会社に別々の労働組合がある会社もあります。職種が一緒なら一つの組合が会社側と協議した労働条件などは少数派の組合員にも適用されます。

「ユニオンショップ」というものがあります。これはその会社の会社員となったら必ずその会社の労働組合員にならなければならない、組合員でなくなれば会社も辞めなければならない、というものです。「エー私、労働組合なんてダサイからいやだ——」と脱退すれば、「アーソージャー明日から会社来なくてもいいから」となります。会社人の権利を守る労働組合が、組合を辞めたら会社も辞めろ？　ですか。やっと希望の会社に入社できたのに！　そうなのです。これがないと日本の労働組合加入率はきっともっと下がっていました。でも大丈夫です、自分で新しい労働組合をつくればいいのです。「社員ファーストユニオン」を。格好いい名前ですね。または会社との協定で「組合に参加しないなら原則として解雇する。ただし会社が必要と認める者は除く」となっていますので、会社が「サイトウは会社に必要ですので解雇しません」といえばいいのです。原則ですから必ず例外があります。

●ストライキなど

この頃はストライキなど聞くこともなくなりましたが、これは労働者つまり会社人が団体で行う正当な権利なのです。

団体交渉しても会社側がＯＫしなかった場合、予告してから仕事を止める、仕事をしないことです。もちろん仕事をしないのですから給与は出ません。でも会社は困ります。そしてそのストライキで会社が受けた損害賠償を請求されたり、罰則を受けることもありません。すごい力ですよね。会社人の先輩たちは今までいろいろ理不尽なことに対して正面から戦ってこのような権利を獲得してきたのです。

ストライキとまでもいかなくても、仕事のスピードを下げるとか、組合員でない会社人が仕事場に入るのを「やめてくださいよ、今ストライキして頑張っていますので」などと呼びかけ説得することやビラをまくことも、権利として認められています。

本当はそのようなことになる前に、労働組合と会社側がちゃんと協議して解決すべきです。何度も言いますが、会社人もその権利と義務を学び自覚して、権利が侵されたらその是正を会社に要求し解決することが、あなたのため、仲間のため、そして最後は会社のため、でもあるのです。違法残業、名ばかり管理職、無法な働かせ方等でもうけている会社、存続している会社などは早急に消えてもらうべきです。そのための労働組合であるはずなのですがね？

でも今ではそのような権利があることも知らない会社人がほとんどでしょうね。

変化した会社人の環境

昔もイジメや首切りがあったと思います。

でも、今のように閉塞感はなかったのではないか、と思います。

能力主義とか成果主義とかで会社人同士を戦わせて会社がもうける、という風土になったこと、社会の進化（と思いたい）によって女性の社会進出が進んだこと、少子高齢化と国際化で外国人が増えたこと、などによって会社内での人間関係が大きく変わって、それについていけない会社や人が、パワハラ（パワーハラスメント）やセクハラ（セクシュアルハラスメント）【→第5章159ジペ〜参照】を蔓延させ、過労死も増大させているのではと思います。

●自らと明日を信じて

私は今も仕事を愛し、会社を愛してこそ人生を豊かに暮らせると思っています。経済的には恵まれなくても、充実した人生を送れると思っています。

が、世の中は変わりました。それも悪い方向に。本当に残念です。悲しいことです。「就職」ではなく「就社」です。職業に就くのではなく会社に就くのです。ですからどのような仕事をしたい、ということより、どの会社に入りたい、が重要なのです。ですから「会社とはどのようなものか」「その会社で働くとはどのようなものか」を説明しています。

●被害者と加害者を間違えないで

この本には、「就活中には、自らの信じるところを妥協しないで目標の会社をよく研究して臨んでください」「就社後も努力と学ぶことを忘れないで自分の仕事を好きになり、できれば愛すら感じられるようになるまで一所懸命に取り組んでください。それによって充実した会社人生活が手に入ります」とのメッセージが行間からにじみ出ていると思います。

純粋な仕事に対する姿勢、会社に対する忠誠心を、時に「愛」とまで表現しています。でも、そうした仕事や会社への愛情や忠誠心を利用する会社や上司が増えている事実も知らせ、「今日では多くの会社が人手不足になっていますので、就職活動をしている人をだます会社も増えていますよ」との警告もしてきました。そしてそれへの対応策にも触れてきました。

でも、その警告や自衛策をも見逃したり、気が付かなかったり、またはそれら以上の狡猾な手段の餌食となってしまうことも考えられます（悲しいことに、それほど今日の企業社会はおかしくなっているということです）。

そのようなとき、「私がバカだから」「私はダメ社員だから」「どうせ三流大学出だから」「そのようなこともできないのです、私は」などと自分を責めないでください。

まず最初に考えるべきは、

①そのようなあなたを、会社は何度も面接して入社させ、今のお仕事に就けたのです。

②万一、あなたに会社が期待した以下の能力しかなかったとしても、まずその能力不足を補う研修なり勉強会なりを会社は実施する義務があります。

③それでも会社が満足できない場合には、あなたが輝ける部署を探し転属させる努力を会社がすべきなのです。

にもかかわらず、その努力もしないで、

①朝から晩まで上司や仲間から「役立たず！　アホ！　バカ！　シネ！」などの罵詈雑言を浴びせる。

②「ダメ男、ダメ女は、とにかく働け働け！　1日24時間、1週間7日働け」と長時間、休みなしで働かせる。

③「今日も、今週も、今月もノルマいかないな……自分で買え、家族に買わせよ、親類がいるだろう、ダチ公に売れ」などと、あなたを自爆に追い込む。

④飲食チェーン店で多く見られますが、「食器を割ったら時給カット」「お客がいるのに帰る？」で違法残業。「明日休む？　では代わりを」と休みも取れない。「お前トロイから接客無理。掃除！　掃除だけしろ」「メニューを間違えたら自分持ち」という不当な配置や

業務命令やルール。

これらはすべて違法であり、あなたに責任はまったくありません。あなたは被害者です。守られるべきはあなたであり、責められるのは会社であり、上司なのです。

日常生活に例えると、こうです。

交差点を横断するには前後左右に注意をする必要が求められます。でも一瞬よそ見をしたときに歩道に突っ込んだ車にはねられました。このようなとき「よそ見」したあなたに責任がありますか？　あなたがこの事故の加害者ですか？

違いますよね。車です。守られるのはあなたです。歩行者です。車が、運転手が加害者なのです。これが世間の常識です。あなたの常識でもあります。

でも、会社に入れば「世間の常識」「あなたが信じてきた常識」が通じない場合もあります。「世間の常識はウチの非常識」「ウチの常識はお前の非常識」となるのです。

会社に入れば、会社人の常識をいろいろ教えられ、要求されます。例えば「電話のかけ方」「挨拶の仕方」「社会人としての礼儀」などなど。ネット社会、スマホ世代、ＩＴ・ＡＩ時代で、他の人と直接会話するということに慣れていないこんにちの若者たちにとって、これらは当然必要な「常識」と言えます。

でも、仕事が遅れたから残業代なしで22時まで働く。皿を割ったら自費で弁償。休みたかったら代わりを見つけてから。部や課の宴会には絶対出席。お客さまにチョットぐらい触られても笑顔で――これらは、会社人の常識ではありません。その区別を理解できる、「おかしいことを、おかしい」と感じるセンスを失わないでください。間違っていることを強要されたら断る勇気を磨いてください。それでも改善されないなら「声を上げる」勇気を養ってください。そして「おかしい？」と感じたら、最後のページに掲載したあなたの地域の日本労働弁護団へ電話する「少しの勇気」と「電話代」を出してください。それがあなたの、仲間の、後輩の、心身の健康を守ることになるのです。そしてそれは、「ウチの会社」の品位を守ることでもあります。

もしもあなたの方が「間違って」いたら？　心配いりません。そのときは弁護士が「その旨」教えてくれますから。まず電話！

何度ものエントリーシート提出、面接、内々定、内定、そして試用期間。もう2年も3年もかけてようやく今の「ウチの会社」へ就職できました。

でも、なんか違うな……「三日三月三年」［↓191ジペー〜参照］のところでも申しましたが、迷いは正常なことです。初めから、自分に「ぴったりの会社」「ぴったりの仕事」に巡り合うのは稀有です。稀です。幸運です。多くの人は違います。辛抱と努力をしているうちに「ウチの会社が好き」になり、「私の仕事が好き」になっていくのです。

でも、毎日がつらい、会社に行きたくない、私に合っていない、ますます仕事が会社が嫌いになっていく、とくに人間関係がうまくいかない……。ここでも、自分を責めないで、ちょっと立ち止まって考えてみましょう。

会社のせいかも？　仲間のせいかも？　職種のせいかも、営業より経理かな？

と、ここまではあなたももう考えましたね。

でも、もっと異なる視点で考えてみませんか？

あなたの「ウチの会社」はなにを扱っていますか？　鉄？　金？　人間？

それがあなたに合っていないのかも？　あなたには、

植物を扱う会社・仕事が合うのかも？　例えば、竹とか木とか花とか……

自然を扱う会社・仕事が合うのかも？　例えば、空気とか宇宙とか土とか石とか……

動物を扱う会社・仕事があうのかも？　例えば、犬とか猫とかうさぎとか……

『13歳のハローワーク』（村上龍著、はまのゆか絵、幻冬舎、2003年）を読んだことがありますか。ある人も、もう一度ここで読んでみましょう。世の中にどのようなお仕事があり、そのお仕事が世の中にどのように役立つのか？　そして、あなたが好きなれる、なれそうなお仕事を、もう一度研究・調査してみませんか？

「もう25歳／30歳／45歳ですから……」ですって!?　人生100年の時代ですよ。「30歳のハローワーク」、いいではないですか。

また、あなたは今どのような部署で働いているのでしょうか。営業部、経理部、経営企画部、人事部、製造部門……。

今の会社・職場では、「口」「頭」が必要とされ、求められています。いつも自分の考えを求められ、それをシッカリ発言することを！

でも、あなたにはまだそれだけの経験もなく、意見をまとめられてもうまく発言できません。では、「口」より「耳」になっては？「頭」より「足」になってはどうですか？

しゃべるより聞く。考える前に足を動かす。

そのようなお仕事は必ずあります。それが会社です。口と頭だけではまわりません。足の裏を見てください。真ん中が少しへこんでいますよね。この部分を土踏まずといいまして、人間が歩くのにはとても重要な役割をしています。でもあなたも私も、日常生活ではまったく気にしません。見たこともありません。痛くなり歩くのに支障が出て初めて、医者に行きます。医者は「このまま放置しておけば手術でしたよ！」。会社にもそのような部署・仕事があるのです。

「仕事」や「会社」を通じて幸せをつかむには

「仕事が好き」「仕事を愛し、仕事から愛され、幸せな会社人生活を送っています」と言えるためには、仕事に会社にチームに愛情や忠誠心をもって働くことが必要だと思います。

もちろん、それは一方通行ではありません。会社も仲間もあなたに忠誠心や愛情を示してくれなければ、あなたは裏切られ失望します。それでは会社は成長できません。会社人をダマし、搾取し続けて成長した会社はありません。いつかそのツケを払わされ、早晩この世から消えていくでしょう。仕事や会社への、あなたの純粋な思い入れや愛情を利用して繁栄している会社は、いつかそのツケを払う時が来るのです。永遠に隠し通せる悪やゴマカシはありません。

ここまで何度も申してきましたが、満足できる会社人生活を送るためにできること、やるべきことを最後に整理しておきましょう。これは、新会社人から社長まで全員に有用です。

●チーム力を養う

会社の仕事はすべてチームで行います。一人だけの部署でも他部署との協働が不可欠です。そのためには……

聞く力をつけます

話すより聞く、です。相手が話しやすい雰囲気を作ります。「聞いていますよ」とアピールします。相手からは自分の考えていたこと以上にいい考えが出ます。口より耳を大きくするのです。

柔軟性をつけます

固定観念だけで判断してはダメです。自分の学校や学んできたことだけが世間ではありません。異文化・異見も取り入れます。立場の違い、育った環境の違いも受け入れます。仏教でも日本の仏教とタイの仏教では大きく異なりますよね。

発信力をつけます

自分の意見・考えを簡潔にまとめて、正確に相手に、みなさんに伝えます。そのためには、最初はまずよく聞くことです。会議などがあるときは、前日にまとめて一度声を出して鏡の前で発言してみるといいのでは?

●考え抜く力

「人間は考える葦《あし》である」と、フランスの哲学者ブレーズ・パスカル（1623～1662）は言いました。まずは、「ほんとかな?」「それでいいのかな?」と疑問に思います。または、「何か他の方法はないのか」と思います。そして考えるだけではなく、考え抜くのです。

現状分析と課題発見力をつけます

いいか、ダメか。それはなぜか? 分析をします。そのなかから解決すべき、改善すべき課題を探し出します。会社人生活が継続するうちに経験からその力は上がっていきます。

計画力をつけます

課題が明確になればその達成のために必要な時間、資金、人材、情報などの計画を立案します。ここで大事なのは、「プランB」や「プランC」を作成することです。「希望的観測」だけではダメです。大きな事故が起きると有名な学者たちがよく言いますよね、「想定外でした」と。学者はそれで食えますが、会社人は直ちに明日の給与に響きます。ですから「想定外の事態」への対応案も作っておきましょう。

創造力をつけます

柔軟性とよく似ていますが、新しい手法、新しい道を自らが創造することです。私が若い頃は「自動車はガソリンで走ります」が常識でした。今は電気でも動きます。ときには美術館や博物館、コンサートや異業種のフェアの見学など、日常の会社人生活とはあまり関係ない場所へも訪問されることをお薦めいたします。

また、世界の異なる人々、趣味の違う人々との交流もお薦めします。

●実行力・前進力

あとは前へ進むのみです。失敗を恐れず、一度や二度の失敗にもめげることなく進むのです。そのために考え抜き、新しいことも創造して、かつ「プランB」「プランC」も作ったのです。仲間と自分を信じて前進しましょう。

自主的に行動します

誰かの指示を待っているのではなく、与えられた仕事に自主的・積極的に取り組みます。

仲間も巻き込んで行動します

一人ではできません。チームを巻き込んで前進します。遅れた人がいれば手を貸します。自分が遅れれば遠慮なく声をかけます。そのためにチーム力を養ってきました。一人が成功しても誰かが失敗すればチームの成功にはなりません。

そして、日本の得意なＰＤＣＡ（計画、実行、評価、改善）を繰り返し仕事の質を高めていきましょう。

最後に、これらすべての段階で必要なことを挙げます。

情況掌握力が必要です

自分と仲間との役割の確認や目的へ向かって行動している過程での状況は、経過は予定通りか、違うなら何がどう違うのか、を正確に掌握しなければなりません。

ストレスをコントロールする方法を身につけます

ストレスには弱いのは、あなただけではありません。隣の仲間も上司も社長も感じています。ストレスを感じたら、その原因はなぜなのかを理解し、その解消法を見つけてください。これはどの段階でも起こります。その場その事態によって、原因も解消法も異なります。何事も早めに対応してください。お酒に逃げてばかりでは、体を壊し新しいストレスが……。

私はここ30年以上、日曜日には夏は水泳、春秋冬は妻と3～5時間ハイキングをして自然とその移り変わりを楽しみ、気分転換をしています。

別の自分を探してみましょう

仕事を愛し、会社を愛し、家族を愛し……もちろんそうであってほしいものです。でもそれだけではなく、別の世界を知るのも大切です。私は90年代初めから子どもを支援するNGOの代表をしています。年間少なくないお金も使います。私も地球人の一人ですからそれを「地球税」と呼んでいます。この税金は自分で払って、自分でその使途を決めることができます。どこかの国のように納税者に説明できないことには使いません。その活動はお仕事とは全く異なる世界ですが、NGOの活動は会社人の世界より厳しいものです。相手はすべて生き物です。一度支援して、明日はやめた！　はできません。子どもを支援するなら少なくとも10年は継続しなければなりません。お金がなければ知識でも労力でもいいのです。自分でできることでお役にたてばいいのです。それが脳に、心に「いい刺激」となると思います。

順法精神を忘れずに

あなたの思考、あなたの行動は、どの法令にも違反していませんか？　自分に恥は感じませんか？　本当にそれは正しいことですか？　もう一人の自分が今のあなたを見て非難しませんか？　同じことを再度行いますか？　法的にも道徳的にも、おかしいことは「おかしい」と気がつく知恵と、おかしいと気がついたら「やめる勇気を」もってください。

あなたの会社人人生を満足できるものにするために。

おわりに

もう数年前になりますが、新卒の採用役員面接に参加したとき、本当にがっくりきました。いや学生さんにではなくて、取締役たちに。まず何を聞きたいのか？　何が知りたいのか？　質問事項が不明確で真意がサッパリわかりません。同じ質問が異なる役員から何度も出ますが、その意図が不明。学生さんからの質問には自慢話ばかりを答え、しかもその話はウソとまではいかなくても、だいぶ誇張されていました。その日は12人の学生さんを面接しましたが、私以外は全員まったく疲れていないのです。会社の将来を担う人材採用の場が、これではダメです。

翌週全員に「面接のしかた」の講習会・模擬面接を実施しました。まず、「してはならない質問や言動」の周知徹底。次に、会社の現状と将来を展望し、どのような人材を確保すべきかの確認と共有。そして、質問事項の選択と各人への割り当て。さらに、流れによっての柔軟な対処方法。最後に、採用すればもちろんのこと、採用しなくても「人様の人生を左右することに関わっている」との自覚をもって臨むこと。

その日は全員クタクタになりました。当然です。学生さんは、人生をかけた真剣勝負に来ているのです。受ける側も、1日10人も面接すれば疲れない方がおかしいのです。疲れないようでは真剣に面接していないのです。

それ以後、役員さんたちの「人」に対する目が変わりました。面接時もですが、日常も。社長、取締役、部長、課長……は会社内だけでの地位です。一歩会社を離れれば、新入社員・平社員で多くの人々から尊敬される人がいることを理解されたのです。この会社では、違法残業や過労死セクハラ・パワハラは起こらないと思います。

また、私の友人に映画のプロデューサーがいます。彼が私に「あの場面の、後ろの方のあの人物はどうして必要なのか？　いなくてもいいのにと思うだろう？　それが素人！　無名の俳優やエキストラが、あの時点であそこに存在することで映画全体ができあがるのだよ。おれの映画ではどの場面でも不要な人物、不要なセットなど何もない。何か一つ欠けてもダメ。でもなサイトウ。それを自覚しないで、その無名の俳優さんが〝セリフもないし〟と手抜きするだろう。そうするともうダメ、映画もその俳優もダメだな、次はないよ」と言います。そして、こうも言います。「イイ俳優なのになんで売れないのかな、と思う人がいる。その人は生まれた時代が早すぎたのかも。だからその人にちょっと話し方を変えることや、目の動き方を変えること、それと仕事を忘れて旅に出ることを提案することにしているのよ。結果人間としても役者としても大きく成長され主役級にまでなった人もいる。時代が追いかけてきたのだな……」「売れないから、声がかからないからと練習もせず体も鍛えず、舞台を社会を世界を俯瞰する視点を養わない人は、いつまでもエキストラで終わりだよ」と厳しいことも言います。

会社人にとっても、示唆に富んだ話だとは思いませんか?

私が取締役だったときの体験談です。

そのときの社長は就任して10年。これから外国へも進出したい、新市場にも挑戦していきたい、でも今の社員で大丈夫か? 社員はついてきてくれるか? と大きな不安を抱えていました。そこで私から、「社長に語る会」の開催を提案しました。その条件は、

①社長が語るのではなく、社長に語る会であることを徹底する

②社長の都合がつく限り、夕方6時から10時を目安に週1回は実施する

③参加人数は、日常社長と話す機会がほとんどない係長以下の社員全員を対象に1回5人内外とする

④参加者は社長も含め、「この会」での言動を人事評価に影響させないことを約束する

⑤場所代、飲食代は会社負担とする

として、労働組合との協議会で了承も得て実施いたしました。

私は、とくに①と④が遵守されているかどうかを確認するためオブザーバーとして常に参加し

ていました。

結果？　大成功でした。何といっても社長は黙って何でも聞くのですから、若者たちの「本音」「鬱積」「要求」「愚痴」が出るわ出るわ……。

1年後には多くの隠れた才能も発見できました。その後に「正式な人事面談」を実施して大きな組織替えも行い、海外拠点も一挙に2社立ち上げるとともに、近隣の大学と共同研究に取り組み、新製品を開発したり、博士課程に人材を送りこみ、今では3名の工学博士も誕生しています。この「社長に語る会」は、現在も継続しているようです。

私が言いたいのは、会社人を「働け働け」で追いかけるのではなく、本音を吸い上げるシステムを構築することで、会社人が「自主的」に働き、学び、研究し、成果を出してくれる、ということです。

みなさんも「ウチの会社」に提案してはどうですか？　5万人10万人の会社なら社長の代わりに「事業部長」などでもいいと思いますが……。

そうです。会社はただお金を儲けるところ、仕事は生活費を稼ぐためのものと考えて毎日のお仕事をしていては、寂しく哀しい会社人人生です。できれば「私の人生は満足できるものでした」と言って退職日、定年日を迎えたいものです。

そのためにも、入社は出発点です。それからの方が重要です。入社後も自分を磨き、自己投資を忘れないでください。本文にも出てきましたが、「仕事を愛し」「会社を愛し」て仕事に取り組んでいただきたいと思います。でも仕事だけではなく、ボランティアやＮＧＯ活動、町内会・自治会活動、さらには会社を休職してＪＩＣＡ（独立行政法人国際協力機構）に参加し発展途上国支援に尽力することも、自らの視野を広げ、貴重な経験を得て、その後の会社人生活を有意義なものにする力になることは間違いありません。私は仕事人間でしたが、若い時のヒッチハイクや留学で、異文化と異なる視点を学び、ＮＧＯ活動でその学びにさらに磨きがかかったおかげで、本当に充実した会社人生活を過ごすことができました。

さて、この20年国際化や世相の変化により、会社人をとりまく環境は大きく変わり、そしてその変化は加速しています。それも残念なことに、会社人にとっては悪い方向に。

例えば、労働者派遣法や労働契約法なども雇用者側、つまり会社にとって会社人を便利に使いやすいように「改悪」されてきています。極端に言えば「会社人となったら働け、働け、もっと働け、給与は上げないが、いつクビにするかわからんが、働け」の時代が来ています。

その上に、ネット社会では「間違った常識」が一瞬にして「社会の常識」となります。例えば、過労自死、ブラックバイト、セクハラ、パワハラ、マタハラ等の被害者が「自己防衛が足りないからだ」「わきが甘いからだ」「自己責任だ」とまるで加害者のように非難され、被害者と加害者がすり替えられて２次被害３次被害が発生する、という恐ろしい社会へと変化しています。

１９８０年代の初め、主として税負担の不公平を訴えて結成され、参議院に議席を得た「サラリーマン新党」という政党がありました。しかし、今の国会や政財界、それに連合などの労働者団体を見ていると、日本経済を支える会社人の代表は誰もいないのでは？　と思います。今こそ「会社人党」を結成して働く者の生活と命を守る政策を実行するように、国会を、社会を動かさなければ、この国は「ブラック国家」へと転落していくのではないでしょうか？

この本は、22年間取締役として、さらにその後も経営コンサルタントとして会社経営に携わってきた者として、その経験に基づき「会社人」側、つまり雇用される人々の立場に立って書かれた貴重な「会社人の常識」が詰まっていると自負しています。

これからも、世界は、日本は、みなさまの「ウチの会社」は、そして当然ながら「会社人の常識」も、大きく変化していくことは間違いありません。

皆さんがその変化に適切に対応されるだけではなく、できれば「変革の一歩前」を歩く会社人となることを、そして、本書がそのお役に立てることを、切にお祈りいたします。

この本は、２０１７年9月30日現在の法律に基づいて書かれています。法律的な監修は弁護士の家田大輔先生にお願いしました。もちろん内容に誤謬があれば、それはすべて著者である私の責任に帰することを念のために申し添えます。

多くの事例を取り上げることに快諾してくださった顧問先の企業さま。それに貴重な意見・提案をくださった家田弁護士や論創社の永井佳乃さんに、この場を借りて厚くお礼を申し上げます。さらに、私の「人財産」のお一人である相根正則さんの温かい支えがなければ本書の完成はなかったことを、御礼と共に書き添えます。

本書執筆にあたり、家田弁護士より提供された各種判例集や資料のほか、次の資料を主に参考にしました。

（出版年降順）

・森戸英幸『プレップ労働法（第5班）』弘文堂、2016年
・判例六法編修委員会編『模範六法（2016年度版）』三省堂、2016年
・今野晴樹『ブラック企業2――「虐待型管理」の真相』文春新書、2015年
・今野晴樹『ブラック企業――日本を食いつぶす妖怪』文春新書、2012年
・中央経済社編『会計法規集（第31版）』2009年
・『アメリカの心』学生社、1987年
・『朝日新聞』『日本経済新聞』『中日新聞』他各紙
・日本労働弁護団発行の各種資料

・厚生労働省、中小企業庁、国税庁など各官公庁のホームページ
・その他多くの書籍やネット情報

２０１８年2月

齊藤紀夫

付録

会社用語辞典

会社にまつわる言葉には、いろいろなものがあります。「会社人」となれば、これらの言葉との付き合いが出てきます。「社」の付く語を中心にいくつかご紹介しましょう。皆さんはどれくらいご存知ですか？

会社の神様仏様【かいしゃのかみさまほとけさま】

会社の屋上などに祭ってある会社の神様や仏様です。商売の神様である稲荷神社だけではなく創業者が信じていた神様などもあります。月のはじめに巫女さんがこられ、社長と役員一同神前で「二拝二拍手一拝」して……。宗教の自由はあるのかな？

社印【しゃいん】

会社の印鑑。日本は今でも印鑑社会です。会社も登記するときはわれわれ自然人（人間）と同じく印鑑証明用に実印を届けます。また銀行取引にも取引印を届けます、そして、会社人に命令を出す場合には会社印を押した命令書を出します。

社員【しゃいん】

主として会社人のことです。ただし、会社法上は株式会社以外の会社の出資者のことです【↓第1章12ジペー〜参照】。株式会社の株主総会にあたるものが社員総会で、会社の重要事項はそこで決定されます。

社員持ち株会【しゃいんもちかぶかい】

社員で結成し、自社の株主となる会です【↓第1章28ジペー〜参照】。上場企業でも多くがこの制度を利用し、「安定株主」を増やして敵対的買収を予防しています。時にワンマン社長の防衛線となる場合も。

社運【しゃうん】

会社の運命。日本最古、世界最古と言われる金剛組のように五七八年から続いている会社もあれば、一年で消えていく会社もあります。社運はそこに働く人の運によると私は考えます。幸運を運んでくる人がいると社運もよくなります。その人が去っていけば社運も悪くなります。会社は人の集まりですから人を大事にしないと運も逃げますよね。

社歌【しゃか】

会社の理念や目指すところを盛り込んだ校歌のようなものです。入社式や創業記念日などに全員で斉唱します。古い会社には、歌っていて恥ずかしくなるような内容の社歌もあるようです。応援歌のある会社もあり、社会人野球大会などでは大活躍です。

社会貢献【しゃかいこうけん】

弱者救済や文化事業、地球環境保全などなど社会に貢献する活動をいいます。本文でもふれましたが、会社の最初にして最大の社会貢献は雇用している会社人の健康と幸せを保障することです。給与カット、違法残業、違法ノルマ、セクハラ・パワハラをやっていて何が社会貢献でしょうかね。

社旗【しゃき】

会社のマークを織り込んだ旗。入社式などで壇上に掲揚されています。「全員起立！　礼！」で社長の訓示が始まります。また野球など、社会人対抗試合の際には、応援歌とともに大いに活躍します。

社規【しゃき】

会社の諸規定。就業規則をはじめ、給与・賞与規定、出張旅費規程、賞与規定、社内情報管理規定、退職金規定、慶弔金見舞規定等々があります。

社訓【しゃくん】

創業者の理念などをまとめたものが多いようです。今でも入社式や創業記念日、毎朝の朝礼などで全員が唱和している会社もあります。でも、いっていることとやっていることが大きく違う会社もあるようです。「お客様の健康第一を願い……」といいながら、製造日をごまかしていた食品会社もありました。

社交【しゃこう】

会社で行う交際接待。立場が上の会社が下の会社に接待を要求するのは世界共通です。

社長が昼間は寝ていて夜は毎日接待、それだけで仕事をもらい、大きくなった会社がありました。呆れるより感心しました。課長！　われわれの飲み代まで会社の経費で？　それってセコイですよね！

社史【しゃし】

会社の歴史をまとめたもので、創業三〇周年、一〇〇周年などを記念して編纂されます。その時の実力者の自画自賛ばかり、となることも。ただし過去の歴史を掘り起こし次の発展への足掛かりとなる場合もあります。会社の窓際族・左遷場と言われる資料室ですが、過去の資料を研究し新市場開発成功や会社の不祥事を未然に防ぎ再度出世コースへも。

社主【しゃしゅ】

読んでそのまま、会社の主。正式な会社組織にはなく、創業者や創業者一族のボスなどにつける敬称です。例外として、言論の自由を守るため株式上場しない新聞社では、正式名称として使われています。読売新聞社の正力松太郎氏や正力亨氏、朝日新聞社の村山龍平氏や村山美智子氏などが実例です。

社章【しゃしょう】

入社日に背広のフラワーホールに付けてもらう会社のバッジ。これを失くすと大変です。どこの会社でも始末書が取られます。会社員だけでなく、代議士、弁護士、税理士、検事などの職業人もそのシンボルであるバッジを襟に付けています。ヤクザさんも「組の代紋」を。不祥事があった会社の会社人は、社章を裏返しに付けることになります。

社食【しゃしょく】

社員食堂。丸の内辺りの会社の多くが持っています。安価でおいしいものが食べられます。金融機関は、ほとんどの女子行員が制服です。そのまま昼食に外出して「何か事故があると困る」との理由から、支店などでもほとんど食堂を備えています。IT企業は大体おしゃれでおいしい社食がありますね。

社鼠【しゃそ】

会社に住みついたネズミのことです。いえ、実際は人間ですが、ネズミのように会社を食い物にし、ダメにしていく恐ろしい動物です。しかも「実力者」などといわれているわけでもなく、日頃は目立ちませんからなお始末に悪い。仕事はしないが文句は言う。モンスター社員の比ではありませんよ。

社葬【しゃそう】

会社主催の葬儀のことです。創業者や社長または会社に貢献した人が亡くなったときなどに行います。法人税法も「社会通念上相当な金額」であれば会社の経費と認めています。香典はご家族へお渡しします。参加の顔触れや人数がその人の生前の功績を表すことになるのでしょう。今日では現役の社長でもない限り家族葬後に「お別れ会」が多くなりました。

社宅【しゃたく】

会社が用意する住宅。会社の序列がそのまま入り込み、プライバシーが守れない、と敬遠されるようになってきています。転勤が多い銀行・商社などでは、自社の社宅ではなく、個別の賃貸マンションなどを用意し、同じ社宅に何組も入ることのないようにする「借り上げ社宅制度」が好評のようです。

社畜【しゃちく】

家畜の会社版【→第1章19ページ〜参照】。会社から与えられるエサで生き、会社の命令に従い、会社なしで生きられない会社人です。なりたくないですね……。

社長【しゃちょう】

会社の長、つまりトップのこと。でも会社のことを定めた会社法では会社を代表するのは代表取締役であるとし、社長については文字すら出てこない不思議な存在です。代表取締役は複数でも結構です。でも表見代理人といって代表取締役でもないのに社長とか会長とか、会社を代表するような名称をつければその責任が生じますので覚悟くださいよ。

社内結婚／恋愛【しゃないけっこん／れんあい】

「ウチの会社」「私の仕事」を愛するだけでなく人生のパートナーまで見つけました。感謝感激ですよね。おめでとうさんです。「社内恋愛禁止」との就業規則や暗黙の内規がある会社もありますが、憲法一三条に規定する「自由及び幸福追求に対する国民の権利」に違反です。でも不倫は民法違反で損害賠償訴訟も覚悟してくださいよ。

社内研修／勉強会【しゃないけんしゅう／べんきょうかい】

入社後「ウチの会社」のことを学ぶ研修に始まり、会社人として階段を上がるとともにいろいろな研修があります。これらの研修や勉強会が日本の会社を強くしてきたことは間違いありません。土日に行われるなら休日出勤手当が出るのが当然ですが……？

社内託児所／保育所【しゃないたくじしょ／ほいくしょ】

女性の社会進出と少子高齢化でそのニーズはますます増加しています。また政府も補助金を出して応援しています。中小企業では近隣の複数の会社が共同で運営する方式が多くみられます。このような会社は「マタハラ」とは無関係でしょうね。

社内紛争【しゃないふんそう】

「内紛」とも言い会社内の紛争です。誰が新しく社長になるか内部でモメル。取締役会で「ワンマン社長」を解任して、反対派閥の専務が新しく社長に就任する。社長の「ヨゴレ」や「愛人情報」を漏らす。社長に反対する取締役のクビを切り反対に大株主から退任を迫られた……等々何でもありりです。

社内報【しゃないほう】

会社内で発行される印刷物です。社外へは出ません。多くの支店や事業所を持つ会社の場合、社内での出来事や伝達事項を掲載する利便もありますが、まず社長の「ご講和」や「有名人との対談」から始まる退屈なものが多いようです。でも、読んでみると、その会社の開放度や自由度など、「いい会社度」がわかります。一度他社の社内報と比べてみてはいかがでしょうか。今はネット配信が主流です。

社内留保【しゃないりゅうほ】

過去のもうけを将来のために社内にため込んだもの【→第3章82ページ参照】。その部分は株主や出資者に帰属するもので、その処分には株主総会の決議が必要です。株主への配当や会社を解散するなどの場合以外は手を付けるべきではないと、私は思います。注意が必要なのはその額と同じ金額の預貯金がある、とは限らないことです。

社内旅行【しゃないりょこう】

社員の慰安のために会社経費で開催されるものです。バブル後下火になりましたが、最近部・課単位で復活した会社が多いようです。上場企業で二年に一回は海外旅行という会社もあります。日頃はメールと電話ですが、顔を合わせてコミュニケーションも大事ですよね。でもセクハラにはご注意です。

社風【しゃふう】

その会社独自の文化、といってもいいでしょう。同じ自動車会社でもホンダとトヨタは全く異なった社風を持っています。いっとき、サントリーとキリンの合併が話題になりましたが、やはり「社風が違いすぎる」と破談になりました。「君は、ウチの社風に合わないね」と首切りされる場合もあります。

社服【しゃふく】

会社の制服。日本ほど制服が好きな国はないでしょう。学生服に始まり、社服。女性だけというのも多いですね。でも会社人の女性は囚人ではありません。表現の自由はどうなっているのでしょうか?

社保【しゃほ】

会社人の保険で健康保険、厚生年金、労働災害保険、雇用保険など。労働災害保険は全額会社負担ですが、それ以外は会社人と会社が半分ずつの負担です。勤務中や通勤途中の事故には労災保険を使います。それ以外は健康保険で。間違えると自己負担となる場合も。ご注意ください。

社墓【しゃぼ】

会社が運営管理しているお墓。仕事中に亡くなるか、退職後亡くなっても本人や家族が同意していれば入れます。ある自動車メーカーは病院まで経営しています。その病院で生まれその会社で働き、けがや病気にそしてご臨終も。後は社墓で安らかに……。

社名【しゃめい】

会社の名前です。自然人に氏名があるように、会社にも氏名があります。「日本銀行株式会社」や「株式会社ゆうちょう銀行」のように、「株式会社」が前にある会社も後ろにある会社もあります。ただし、株式会社ではないのに株式会社を付けたり、株式会社なのに株式会社と付けず、たとえば「有限会社」などとするのは違法で、法人登記ができません。

社命【しゃめい】

会社の名前で発令される命令。転勤が嫌だ! と思っても「社命だぞ」となれば、就業規則の転勤拒否条項に該当しなければ転勤するか辞めるしかありません。大体そのような規則には「その他やむを得ない理由がない限り拒否できない」となっています。

社友【しゃゆう】

会社を通じての友だち。同期入社や同じ大学の卒業生、同じ部・課、同じ趣味などを通じて友人関係ができます。何しろ家族といる時間より、会社人として会社にいる時間の方が圧倒的に長いのですから。しかし、入社後一〇年もすると、社内競争で友人関係も壊れていくことが多いのが現実です。「昨日の友が今日の敵」となり、勝つか負けるか。

会社人として「おかしいな」「困ったな」と思ったら…

「日本労働弁護団」(http://roudou-bengodan.org/)

●労働トラブルホットライン(無料電話相談)

03-3251-5363/03-3251-5364(平日のみ)

毎週月・火・木・土曜日(祝日はお休みです) 15〜18時

※各地域のホットラインもあります。お住まいの地域のホットラインは、http://roudou-bengodan.org/hotline/でチェックしてください。

●女性のためのホットライン

03-3251-5364

第2・4水曜日 15〜17時

※セクハラ・マタハラなど女性特有の問題に関する無料電話相談です。必ず女性弁護士が対応します。

法律監修:弁護士 家田大輔(野呂汎法律事務所)

❖著者略歴

齊藤紀夫（さいとう・のりお）

1946年奈良県生まれ、京都育ち、名古屋市在住。

1966年京都経理経営専門学校卒業。

1969年8カ月にわたるヨーロッパヒッチハイクを経て、米国ワシントンDCに留学。22年間、中堅メーカー2社で電算室長、経理財務担当、総務担当、生産担当、管理本部、企画経営室、取締役を歴任。中国及び米国法人代表。1994年より、お絵かきを通じて難民の子どもたちを支援するNGO代表。2008年経営コンサルタント開業。中小企業の海外進出、管理者教育、新人教育を主とする。キャリアカウンセラーとしても活動している。

著書に、『会社人の常識』（長崎出版、2012年）、『わたしの夢、わたしの人びとの苦しみ——難民キャンプのこどもたち』（編集責任者、ポプラ社、1999年）など。

自分らしく働くための　**会社人の常識**

2018年5月6日　初版第一刷印刷
2018年5月12日　初版第一刷発行

著　者　齊藤紀夫

発行者　森下紀夫

発行所　論 創 社
〒101－0051
東京都千代田区神田神保町2－23　北井ビル
tel. 03（3264）5254　fax. 03（3264）5232
web. http://www.ronso.co.jp/
振替口座　00160－1－155266

装　幀　宗利淳一
編集・組版　永井佳乃
印刷・製本　中央精版印刷

ISBN978-4-8460-1695-1